OM NARBHAVIE

Sammlung der Briefe von Sri Ramani Guruji an die Freunde in Europa

vom 1. Januar 2021 bis 31. Juli 2021

Our Nature   the devine gift

Unsere Natur   das göttliche Geschenk

OM NARBHAVIE

Sammlung der Briefe von Sri Ramani
an die Freunde in Europa

vom 1. Januar 2021 bis 31. Juli 2021

Our Nature   the devine gift

Unsere Natur   das göttliche Geschenk

Bibliografische Information der Deutschen Nationalbibliothek:
Die Deutsche Nationalbibliothek verzeichnet diese Publikation in der
Deutschen Nationalbibliografie; detaillierte bibliografische Daten sind im
Internet über dnb.dnb.de abrufbar

Herstellung und Verlag: BoD - Books on Demand, Norderstedt

ISBN: 9783754346952

VORWORT

Über Jahrzehnte kam Sri Ramani Guruji jährlich nach Europa, hielt Vorträge und las für zahlreiche Menschen Palmblatt-Readings. Auch reisten viele Menschen aus Deutschland, Österreich und der Schweiz regelmäßig zu den Feierlichkeiten von Sri Kakabujanda Maharishi nach Indien. Seit 2020 war dieser enge Austausch mit Sri Ramani durch die erschwerten Corona-Zeiten eingeschränkt.

Doch auch bei weiten Entfernungen, wie Sri Ramani immer wieder betont, bleibt die Verbundenheit bestehen und durch die Briefe, die er an die Freunde in Europa sendet, spüren wir sie besonders.
In seinen Briefen fordert Sri Ramani uns auf, uns mit der Gegenwart der Natur, der großen Kraft Mutter Erde, der Schöpfung zu verbinden. Die Natur zu ehren und sie zu schützen ist besonders in diesen Krisenzeiten des Klimawandels die tiefe Wahrheit und Weisheit für unsere Zukunft.

Mittlerweile hat sich ein außergewöhnlicher Schatz von Briefen aus dem ersten Halbjahr 2021 angesammelt, den wir gerne einem größeren Kreis Interessierter bekanntmachen möchten.

Mögen diese Briefe uns leiten, den Weg zurück zur Natur, zu unserem Wahren Sein zu finden und Eins zu werden mit der Schöpfung.

Der Preis des Buches geht als Spende an Sri Ramani und unterstützt ihn bei seinen Projekten der Nächstenliebe.

OM NARBHAVIE

OM NARBHAVIE

Möge Gutes geschehen, für jeden, an jedem Ort und zu jeder Zeit

Sri Ramani gilt als lebende Inkarnation von Kaka Bujanda Maharishi, dem Verfasser einer z.T. über tausend Jahre alten Palmblattbibliothek. Sri Ramani wird - nicht nur in Indien- als Heiliger Mann verehrt.

Sri Ramani Guruji rezitiert bzw. singt aus einer stattlichen Anzahl von uralten beschrifteten Palmblättern zum Wohl der Menschen.

Täglich hält er in seinem Ashram öffentliche Palmblattlesungen ab und empfängt Menschen, die seinen Rat suchen. In den letzten Jahrzehnten konsultierten ihn viele tausend Personen, einfache Leute ebenso wie Persönlichkeiten des öffentlichen Lebens aus dem In- und Ausland, um Hilfe und Segen zu erhalten.

Ramani Guruji

NARBHAVI

No. 18, Alamelupuram,
East Tambaram, Selaiyur P.O.,
Chennai – 600 126. S.India
Cell : 9444040109
Whatsapp : 6383384962

Date : 31 / 12 / 2020

"2021"

Sun shine brightness in all walks of life.
By the grace of Divine MOTHER & GURUNATHER blessings
All will go very well in 2021. All are protected by Divine MOTHER.
Wish you all a golden New Year 2021.

-   RAMANI GURUJI

Santhusti
Om Shanthi
NARBHAVI

Der Segen zum neuen Jahr 2021

Sonnenschein strahlend hell

in allen Lebensbereichen.

Durch die Gnade der göttlichen MUTTER

und des Segens von GURUNATHER

wird alles sehr gut gehen in 2021.

Alle werden von der göttlichen MUTTER beschützt.

Ich wünsche euch allen

ein goldenes neues Jahr 2021.

RAMANI GURUJI

Santhusti	Glückseligkeit
OM Shanthi	OM Frieden
Narbhavie	Möge Gutes geschehen

Guruji's Worte vom 24. März 2021

aus einer Rede in vorwiegend tamilischer Sprache

Übersetzung des englischen Teils

Das Göttliche.
Es kommt aus der Tiefe der inneren Seele. Es kommt spontan.
Alle anderen Dinge sind nichts.

Es ist eine in uns angeborene Natur, dass aus dem Inneren wie die Zuneigung,
alles einfach hervorkommt.

Darüber hinaus haben wir die Gnade des großen göttlichen Gottes.
Wir haben die Gnade des Gurus.

Das macht uns stark, um zum Wohlergehen für andere zu leben.
Lebt für die anderen. Denkt über gute Dinge für andere nach.

Sagt Gutes, tut Gutes und alles ist gut. Das ist ein deutsches Sprichwort.

OM Narbhavie

Ramani Guruji

NARBHAVI

No. 18, Alamelupuram,
East Tambaram, Selaiyur P.O.,
Chennai – 600 126. S.India
Cell : 9444040109
Whatsapp : 6383384962

Date : 08 / 06 / 2021

"Santhusti"

Santhusti is the wind and light

Universal beauty is the mother earth and sky. All the creature's humans, animals, birds and trees, all are the gift in this wonderful world by the great divine god.

Live in this wonderful world of love is the real heaven or enlightenment.

Breath is the smell of god, your blood gives you energy to realise relationship, affection and attachment. Breath well. With each and every breath enjoy the life with proud and peace.

Smile removes the fear and sufferings from your inside.
Walk in the forest (woods) enjoy the sweet murmuring sound of the leaves, it gives you strength. The trees will also get more happy and will welcome you very often. The gentle wind in the forest will hug you and give peace for your inner soul forever. How wonderful life in this universe. Vargala, angels brought the sound of love and affection closer to everyone. Church bell remembering you the duty with all sincerity and honesty. Service to people, service to god, come closer and closer then you can feel the divine strength which is within you. Today you don't know who are you, by the great saint Bujanda I'm telling you, you will find the divine flow within you and you will do the most best for others. Your all actions will make everyone happy.

Good air, good water purifies everything. Breath well Beata.

Chant Narbhavi

NARBHAVI
Ramani Guruji

Ramani Guruji

NARBHAVI

No. 18, Alamelupuram,
East Tambaram, Selaiyur P.O.,
Chennai – 600 126. S.India
Cell : 9444040109
Whatsapp : 6383384962

Date : 08 / 06 / 2021

Santhusti (Glückseligkeit) ist Wind und Licht.
Universelle Schönheit ist die Mutter Erde und der Himmel.

Alle Menschen, Tiere, Vögel und Bäume der Schöpfung sind das Geschenk des großen göttlichen Gottes in dieser wunderbaren Welt.

Das Leben in dieser wunderbaren Welt der Liebe ist der wahre Himmel oder die Erleuchtung.

Der Atem ist der Duft Gottes, euer Blut gibt euch Energie, um Beziehung, Zuneigung und Verbundenheit zu verwirklichen.

Atmet gut. Genießt mit jedem Atemzug das Leben mit Stolz und Frieden. Das Lächeln beseitigt die Angst und das Leiden aus eurem Inneren.

Spaziert im Wald, geniesst das liebliche Rauschen der Blätter, es gibt euch Kraft. Auch die Bäume werden glücklicher und werden euch sehr oft willkommen heißen. Der sanfte Wind im Wald wird euch umarmen und eurer inneren Seele für immer Frieden schenken.

Wie wundervoll ist das Leben in diesem Universum.

Engel brachten den Klang der Liebe und Zuneigung näher zu allen. Die Kirchenglocken erinnern euch an die Pflicht mit aller Aufrichtigkeit und Ehrlichkeit. Dient den Menschen, dient Gott, kommt näher und näher, dann könnt ihr die göttliche Kraft spüren, die in euch ist.

Heute wisst ihr nicht, wer ihr seid, beim großen Heiligen Bujanda sage ich euch, ihr werdet das göttliche Fließen in euch finden und das Beste für andere tun. Alle eure Handlungen werden alle glücklich machen.

Gute Luft, gutes Wasser reinigt alles. Atmet gut.

Singt Narbhavie

Ramani Guruji

NARBHAVI

No. 18, Alamelupuram,
East Tambaram, Selaiyur P.O.,
Chennai – 600 126. S.India
Cell : 9444040109
Whatsapp : 6383384962

Date : 13 / 06 / 2021

Dear R

Look at the sky early morning, the morning star giving you full blessings and hope. The sun rises in the east and telling you I'm with you to bring peace, happiness and strength not only for you, for all your fellow men.

Enjoy the divine grace of beauty. In the excellent afternoon you are walking in the woods, the gentle wind touches you and says that everyone will become happy very soon. When you are in the middle of the woods with your friends, the trees and the leaves smiles at you, at the same time you can see the wonderful sight in the sky. A very big rainbow, I don't know how to describe the beauty of the rainbow. It tells one thing that is liebha liebha liebha (love) frienden. So wonderful that the rainbow gives you inner energy and confidence. Be strong inwardly, make our friends full of strength mentally and physically. No more health problems, the divine light is coming for protection. The rainbow and its colours tells you and wishes you for all harmony and peace. It is a great significance that the rainbow made you to understand that your country is going to get more vigour, strength and prosperity. Now I came to realize the wonderful nature and its blessings. The nature is always full of joy and gives strength to all of us. Just a movement I understand myself that I'm standing near a water pond, I heard a wonderful sound of the birds, what a rhythm. So wonderful to hear and enjoy. I say myself "Oh my god now I know your greatness at the same time I feel you are within me". I stared breathing easily, my blood system started giving me full of strength to inform the beauty of nature to my friends. On my right side again I heard a sound, the wind is mummering with sweetness of blessings and it is the great inner peace W   (full of happiness) and also, I came to know a good smell of flowers and again it gives surprise. I heard a voice in between your head and sky, two angles blesses you and all. The voice of the angel is this "All the bad things will be over very soon and all the good things will come and make your fellow men to be happy". When I said myself thank god how great, how graceful you are towards the mankind. Just it started to shower rain drops how beautiful blessings! The rain drops bring another message to all of you. All the difficult periods and lockdown will go away soon. W   remains with full of joy. W   means happiness to all, at all times.

Thanking you,
Dankan
Guruji

NARBHAVI
Ramani Guruji

Ramani Guruji

NARBHAVI

No. 18, Alamelupuram,
East Tambaram, Selaiyur P.O.,
Chennai – 600 126. S.India
Cell : 9444040109
Whatsapp : 6383384962

Date : 13 / 06 / 2021

Liebe R.,

schaut am frühen Morgen in den Himmel, der Morgenstern gibt euch vollen Segen und Hoffnung. Die Sonne geht im Osten auf und sagt euch, ich bin bei euch, um nicht nur euch sondern allen euren Mitmenschen Frieden, Glück und Stärke zu bringen.

Genießt die göttliche Gnade der Schönheit. Am herausragenden Nachmittag geht ihr im Wald spazieren, der sanfte Wind berührt euch und sagt, dass alle sehr bald glücklich sein werden. Wenn ihr mit euren Freunden mitten in den Wäldern seid, lächeln euch die Bäume und die Blätter zu und gleichzeitig könnt ihr den wunderbaren Anblick am Himmel sehen. Ein sehr großer Regenbogen, ich weiß nicht, wie ich die Schönheit des Regenbogens beschreiben soll. Er spricht ein Wort, es ist die Liebe, Liebe, Liebe, liebe Freunde. So wunderschön, der Regenbogen gibt euch innere Energie und Zuversicht.

Seid innerlich stark, gebt euren Freunden volle Stärke - geistig und körperlich. Keine gesundheitlichen Probleme mehr, denn das göttliche Licht kommt zum Schutz. Der Regenbogen und seine Farben sprechen zu euch und wünschen euch alle Harmonie und Frieden. Es ist von großer Bedeutung, dass der Regenbogen euch zu verstehen gibt, dass euer Land mehr Kraft, Stärke und Wohlstand erlangen wird. Mir wurde jetzt diese wunderbare Natur und ihre Segnungen bewusst. Die Natur ist immer voller Freude und gibt Stärke jedem von uns.

Da ist eine Bewegung und ich verstehe mich selbst, ich stehe nah an einem Wasserteich, ich höre einen wunderbaren Klang der Vögel, was für ein Rhythmus. Es ist so wunderschön zu hören und zu genießen.
Ich sage zu mir selbst „Oh mein Gott, jetzt kenne ich deine Größe und gleichzeitig fühle ich dich in mir!" Ich begann leicht zu atmen, mein Blutsystem begann, mir die volle Stärke zu geben, um meinen Freunden mitzuteilen, wie schön die Natur ist.

Auf meiner rechten Seite hörte ich erneut einen Klang: der Wind säuselte mit einer Süße Segenswünsche und es ist der große innere Frieden Wargalla (voller Glückseligkeit) und zudem habe ich einen guten Duft von Blumen erfahren und es überrascht immer wieder. Ich hörte eine Stimme zwischen eurem Kopf und dem Himmel, zwei Engel segnen euch und alle.

Die Stimme des Engels ist diese: „Alles Schlechte wird sehr bald vorbei sein und alles Gute wird kommen und eure Mitmenschen glücklich machen". Und ich sagte zu mir selbst, Gott sei Dank, wie großartig, wie gnadenvoll du zu der Menschheit bist.
Gerade fing es an zu regnen, Regentropfen fielen, wie wunderschön der Segen!
Die Regentropfen bringen eine weitere Botschaft euch allen.
All die schwierigen Zeiten und der Lockdown werden bald vorbei sein.

Bleibt voller Freude. Es bedeutet Glücklichsein zu jeder Zeit für alle.

Thank you   Danke Guruji

Ramani Guruji

NARBHAVI

No. 18, Alamelupuram,
East Tambaram, Selaiyur P.O.,
Chennai – 600 126. S.India
Cell : 9444040109
Whatsapp : 6383384962

Date : 13 / 06 / 2021

Dear R   and friends,

Be cheerful Mother Mary guides you. The angels brought you very good news which will make your life more peaceful, happy and harmony. Say Hallelujah Hallelujah Hallelujah and breathe deeply, say again Narbhavi Narbhavi Narbhavi breathe deeply 5 times. You will feel the strength of joy and peace within you.

NARBHAVI
Ramani Guruji

Ramani Guruji

NARBHAVI

No. 18, Alamelupuram,
East Tambaram, Selaiyur P.O.,
Chennai – 600 126. S.India
Cell : 9444040109
Whatsapp : 6383384962

Date : 13 / 06 / 2021

Liebe R. und Freunde,

Seid fröhlich, Mutter Maria führt euch.

Die Engel haben euch sehr gute Nachrichten gebracht, die euer Leben friedlicher, glücklicher und harmonischer machen werden.

Sprecht Hallelujah Hallelujah Hallelujah und atmet tief ein,

sprecht noch einmal Narbhavi, Narbhavi, Narbhavi und atmet 5 mal tief ein.

Ihr werdet die Kraft der Freude und des Friedens in euch spüren.

Ramani Guruji

NARBHAVI

No. 18, Alamelupuram,
East Tambaram, Selaiyur P.O.,
Chennai – 600 126. S.India
Cell : 9444040109
Whatsapp : 6383384962

Date : 13 / 06 / 2021

Dear R...
my prayers always for your strength, peace and harmony. Very shortly a good turning point for betterment will happen, again people will be busy and happy. Germany is going to give moral boost to all other union countries. Even though I'm in India my thoughts are always with you and within you. Success is yours.

Thank you
Guruji

NARBHAVI
Ramani Guruji

Ramani Guruji

NARBHAVI

No. 18, Alamelupuram,
East Tambaram, Selaiyur P.O.,
Chennai – 600 126. S.India
Cell : 9444040109
Whatsapp : 6383384962

Date : 13 / 06 / 2021

Der Brief ist an alle gerichtet und er grüßt alle herzlich.

meine Gebete sind immer für eure Stärke, euren Frieden und eure Harmonie.

Sehr bald wird ein guter Wendepunkt zur Verbesserung eintreten, die Menschen werden wieder beschäftigt und glücklich sein.

Deutschland wird allen anderen Unionsländern moralischen Auftrieb geben.

Auch wenn ich in Indien bin, sind meine Gedanken immer bei euch und in euch.

Euch ist der Erfolg sicher.

Ramani Guruji

NARBHAVI

No. 18, Alamelupuram,
East Tambaram, Selaiyur P.O.,
Chennai – 600 126. S.India
Cell : 9444040109
Whatsapp : 6383384962

Date : 18 / 06 / 2021

Hope and blessings for all our friends. We pray the almighty successful stability, happiness and peace with full of harmony.

Each and every soul must think our contribution towards the universal love, peace and compassion. Morality, spirituality with discipline you can find harmony.

Dear friends, enjoy the nature it's a god's gift. The great mountains, hills, valleys, big and small rivers and forest created by the mother earth for the sake of humanity, enjoy peace and prosperity. Animals, birds and all creatures make us happy by their sound, beauty that makes us to forget our worries and troubles. Animals is more sensible, devoted, faithful towards humanity at the same time we must protect and love them. Love is undisturbed and makes us to be happy, brings this universe together with full of harmony.

Thanking you,
Guruji

NARBHAVI
Ramani Guruji

Ramani Guruji

No. 18, Alamelupuram,
East Tambaram, Selaiyur P.O.,
Chennai – 600 126. S.India
Cell : 9444040109
Whatsapp : 6383384962

Date : 18 / 06 / 2021

Hoffnung und Segen allen unseren Freunden

Wir beten zum Allmächtigen für erfolgreiche Stabilität, Glück und Frieden mit voller Harmonie. Jede einzelne Seele muss über den eigenen Beitrag zur universellen Liebe, zum Frieden und zum Mitgefühl nachdenken.

In der Moral, der Spiritualität findet ihr Harmonie mithilfe der Disziplin.

Liebe Freunde, genießt die Natur, es ist ein Geschenk Gottes.

Die großen Berge, Hügel, Täler, die großen und kleinen Flüsse und Wälder, die von Mutter Erde für die Menschheit geschaffen wurden, genießt den Frieden und Wohlstand. Die Tiere, Vögel und alle Lebewesen machen uns glücklich durch ihren Klang, die Schönheit, sie lässt uns unsere Sorgen und Nöte vergessen.

Tiere sind sensibler, hingebungsvoller, treuer der Menschheit gegenüber, gleichzeitig müssen wir sie schützen und lieben.

Die Liebe ist ungetrübt und macht uns glücklich und bringt dieses Universum voller Harmonie zusammen.

Ramani Guruji

NARBHAVI

No. 18, Alamelupuram,
East Tambaram, Selaiyur P.O.,
Chennai – 600 126. S.India
Cell : 9444040109
Whatsapp : 6383384962

Date : 18 / 06 / 2021

Dear R   and friends,

Get-together is not crowding people, it must touch everyone's soul with full of love and you must enjoy blooming of the lotus flower in their heart.

God's plan is always more beautiful than our own desire. Take a blooming lotus flower or a rose or a sunflower, how beautiful it is, how god made, not only with full of colours, with full of fragrance.

Relation is not collective of people but it is selective of heart.

With love we must hold them for lifetime.

R   tell our friends, nature always wants to be with us but our mind goes so many directions. Breathe and breathe in the open meadows and enjoy the strength of our life.

When we connect with divine experience bliss, enjoy, ecstasy and happiness become our reality. Love and compassion are most important.

Again, please inform everyone, love and compassion must be our **"LIFESTYLE"**

Another important thing, I pray to God and angels to give me a boon, if I hurt others give me strength to apologize. If people hurt me give me strength to forgive.

FORGET AND FORGIVE IS THE BLESSINGS OF MOTHER MARY

When you started walking ice dew gives you peace and happiness, you never feel the chillness but you enjoy, if you enjoy the chillness within you. Embrace with others full of purity, love and compassion.

Compassion is more important. You have to learn the compassion from the nature and with our day-to-day activities with all our friends. By way of teaching we cannot get compassion.

NARBHAVI
Ramani Guruji

Ramani Guruji

NARBHAVI

No. 18, Alamelupuram,
East Tambaram, Selaiyur P.O.,
Chennai – 600 126. S.India
Cell : 9444040109
Whatsapp : 6383384962

Date : 18 / 06 / 2021

ENLIGHTENMENT

Small plants, trees, meadows, waterfall's, rivers, deer's and birds need our love. It is called **"BANDHAM"**, that means our association with them in our previous incarnation.

VERY IMPORTANT

Dear Rupa, in this modern polluted world lot of diseases and viruses not only kills human life, also hurts the body and mind. How to come out, Mother Mary gives answers for us. Come to my doorstep and pray, light 5 candles, the five elements coming to your help to eradicate all the virus and health problems. Belief, faith and devotion will save all of lives. Be cheerful don't cry, smile, the gentle breeze brings sweet news a long Klang of peace. If you feel and enjoy the beauty of the nature, there you can have the fullest compassion of earth mother.

Dear R   ,

Go to Rhine river, sit on the banks for a moment, enjoy with cappuccino and look at the river. The water flows on the surface with strong current and force, your mind thinks the underneath water is not so strong in force but it is very forceful. Our mind is slow but our soul works fast forever and forever.

My dear W   , we must live forever and forever. I conclude this message today to our friends, be strong mentally and physically and connect yourself with mother nature.

Have a big smile while walking in the woods or meadows, chant **OM OM OM.**

My thoughts, my prayers always for you and I am always within you people.

Call RAMANI RAMANI I'm next to your foot.

OM SHANTHI
SANTHUSTI

Thanking you,
Guruji

NARBHAVI
Ramani Guruji

Ramani Guruji

NARBHAVI

No. 18, Alamelupuram,
East Tambaram, Selaiyur P.O.,
Chennai – 600 126. S.India
Cell : 9444040109
Whatsapp : 6383384962

Date : 18 / 06 / 2021

Liebe R. und Freunde,

ein Beisammensein bedeutet nicht, Menschen zusammenzudrängen.
Es muss die Seele eines jeden mit Liebe berühren und ihr müsst das Erblühen der
Lotusblume in eurem Herzen genießen.

Gottes Plan ist immer viel schöner als eurer euer eigener Wunsch. Nehmt eine blühende
Lotusblume oder eine Rose oder eine Sonnenblume, wie schön sie ist, wie Gott sie
geschaffen hat, nicht nur voller Farben, auch voller Düfte.

Beziehung heißt nicht ein Zusammenbringen von Menschen, sondern Beziehung ist
wählerisch für das Herz. Mit Liebe müssen wir sie ein Leben lang halten.

R. sag unseren Freunden, die Natur will immer bei uns sein, aber unser Geist geht in so
viele Richtungen. Atmet und atmet auf den offenen Wesen und genießt die Stärke eures
Lebens.
Wenn wir uns mit der göttlichen Erfahrung verbinden, werden Glückseligkeit, Freude,
Ekstase und Glück zu unserer Wirklichkeit. Liebe und mit Gefühl sind das wichtigste.
Nochmals, bitte informiere alle, Liebe und mit Gefühl müssen unser „Lifestyle" sein.

Eine andere wichtige Sache, ich bete zu Gott und den Engeln, dass sie mir einen Segen
geben. Wenn ich andere verletze gib mir Kraft, mich zu entschuldigen, wenn mich Leute
verletzen, gib mir die Kraft zu vergeben.

VERGESSEN UND VERGEBEN IST DER SEGEN VON MUTTER MARIA

Wenn ihr beginnt zu gehen, gibt der Eis-tau Frieden und Glück, ihr fühlt niemals die
Kühle, sondern ihr genießt es, wenn ihr die Kühle in euch selbst genießt.
Umarmt andere voller Reinheit, Liebe und Mitgefühl.

Mitgefühl ist so wichtig. Wir müssen das Mitgefühl von der Natur lernen bei all unseren
täglichen Aktivitäten mit all unseren Freunden. Wenn wir es nur lehren, können wir kein
Mitgefühl erlangen.

NARBHAVI
Ramani Guruji

Ramani Guruji

NARBHAVI

No. 18, Alamelupuram,
East Tambaram, Selaiyur P.O.,
Chennai – 600 126. S.India
Cell : 9444040109
Whatsapp : 6383384962

Date : 18 / 06 / 2021

Fortsetzung 18.06.2021

ERLEUCHTUNG

Kleine Pflanzen, Bäume, Wiesen, Wasserfälle, Flüsse, Hirsche und Vögel brauchen unsere Liebe.
Es heißt "BANDHAM", es zeigt unsere Verbindung mit ihnen in unserer vorherigen Inkarnation.

SEHR WICHTIG

Liebe R, in dieser modernen, verschmutzten Welt töten viele Erkrankungen und Viren nicht nur menschliches Leben, sondern verletzen auch den Körper und den Geist.
Wie kommt man da heraus?

Mutter Maria gibt uns Antworten:
Kommt zu meiner Eingangstür (der Kirche) und betet, zündet 5 Kerzen an, die fünf Elemente kommen euch zu Hilfe, um alle Viren und Gesundheitsprobleme auszurotten. Glaube, Vertrauen und Hingabe werden alle Leben retten.

Seid fröhlich, weint nicht, lächelt, die sanfte Brise bringt süße Nachrichten, zusammen mit einem langen Klang des Friedens. Wenn ihr die Schönheit der Natur spürt und genießt, dann könnt ihr das vollste Mitgefühl der Mutter Erde haben.

Liebe R, geht zum Rhein, setzt euch einen Moment ans Ufer, genießt einen Cappuccino und schaut auf den Fluss. Das Wasser fließt an der Oberfläche mit starker Strömung und Kraft, euer Verstand denkt, dass das Wasser darunter (die Unterströmung) nicht so stark sei, aber sie ist sehr kraftvoll.

Unser Geist ist langsam, aber unsere Seele arbeitet schnell für immer und ewig.

Meine liebe W., wir müssen für immer und ewig leben.

Ich beende heute diese Botschaft an unsere Freunde:
Seid geistig und körperlich stark und verbindet euch mit der Mutter Natur.
Habt ein breites Lächeln, während ihr im Wald oder auf der Wiese spazieren geht, singt OM OM OM.

Meine Gedanken, meine Gebete sind immer für euch und ich bin immer in euch - ihr Menschen

Ruft **RAMANI RAMANI** und ich bin ganz nah bei eurem Fuß.

OM SHANTHI (Frieden)   **SANTHUSTI (Glückseligkeit)**

Ich danke euch, Guruji

Ramani Guruji

NARBHAVI

No. 18, Alamelupuram,
East Tambaram, Selaiyur P.O.,
Chennai – 600 126. S.India
Cell : 9444040109
Whatsapp : 6383384962

Date : 29 / 06 / 2021

Dear friends,

Think always today is good and everyday is going to be so good because of that I can do wonderful things in the life. Oh god give me strength, good mind to do good things to everyone at all times. That is the life. Thank god to give this opportunity to server others, by this simple words that will give you more energy and strength to do good things with the blessings of divine mother. Enjoy the divine joy.

**OM SHANTHI
SANTHUSTI**

Thanking you,
Guruji

**NARBHAVI
Ramani Guruji**

Ramani Guruji

No. 18, Alamelupuram,
East Tambaram, Selaiyur P.O.,
Chennai – 600 126. S.India
Cell : 9444040109
Whatsapp : 6383384962

Date : 29 / 06 / 2021

Liebe Freunde,

denkt immer, heute ist gut und jeder Tag wird so gut, weil ich wunderbare Dinge im Leben tun kann.

Oh Gott, gib mir Stärke, gute Laune, um jedem jederzeit Gutes zu tun. Das ist das Leben.

Dankt Gott, dass er euch diese Gelegenheit gibt, um anderen zu dienen durch diese einfachen Worte; sie werden euch mehr Energie und Kraft geben, um Gutes zu tun durch die Segnungen der göttlichen Mutter.

Genießt die göttliche Freude.

Danke,
Guruji

OM SHANTHI (Frieden)

SANTHUSTI (Glückseligkeit)

Ramani Guruji

No. 18, Alamelupuram,
East Tambaram, Selaiyur P.O.,
Chennai – 600 126. S.India
Cell : 9444040109
Whatsapp : 6383384962

Date : 29 / 06 / 2021

Dear R ,

The almighty blesses all of us. Oh my god how to thank you to be connected with you and with your abundant love, affection and compassion. How to thank you, the only way is surrender myself to the lotus feet of almighty. You have brought me in this worldly life after creating all wonderful things in order to enjoy each and every soul. It is in the early morning, darkness has gone, blue sky shining like a white blue ice slice glacier. Gentle wind brings sweet news and memories with my mind. Immediately my mind pushes me out of my room and I started walking over the woods and meadows. I realise now with the nature the purpose of life. I understand from the inner depth of my soul to do service to all living beings.

The life is not only to live for ourselves but also to be for each and every one.

The universe is common and divine light is common and it is absolute our responsibility to share with each and everyone with compassion. We have to remove the hatred from the mind. How is it possible ? I get the answer love everyone which you know or not. Then you can be like an angel to give harmony along with the nature. The nature is created by almighty (God).

Sometimes the ego mind tells thinks bout yourself and not about others well being. My soul commands me to think good and always do good. Then one can realise what is life and it is nothing but **SANTHUSTI** surrender yourself with the nature and live with the nature forever and ever.

Earth, sky, wind, light will guide you and the fire is in your soul that makes everyone to realise the wonderful world as God's creation.

One must breathe fresh air and enjoy the wonderful sight of the nature. Again I request you to come out of your room, see the outside and walk with positive thinking and you can talk to the nature inwardly. Fresh air, the flow of water from the mountains, rivers and valleys gives you a welcome. Look at the mountain side beautiful deers started looking at you and admiring themselves on seeing you. The deer says how great human beings are. Now I want to think about the inner connections of the souls from deers and me.

NARBHAVI
Ramani Guruji

Ramani Guruji

NARBHAVI

No. 18, Alamelupuram,
East Tambaram, Selaiyur P.O.,
Chennai – 600 126. S.India
Cell : 9444040109
Whatsapp : 6383384962

Date : 29 / 06 / 2021

It is so related sometime you may think funny. It is really a tenderness of love and compassion. Here is the GOD who brings everyone closed and closer. What a wonderful life ! What a wonderful world ! It is like a morning star. Now the breeze blesses you which gives you freshness in our mind, body and soul. The nature is your partner never ending relationship full of compassion.

OM SHANTHI
SANTHUSTI

Thanking you,
Guruji

NARBHAVI
Ramani Guruji

Ramani Guruji

NARBHAVI

No. 18, Alamelupuram,
East Tambaram, Selaiyur P.O.,
Chennai – 600 126. S.India
Cell : 9444040109
Whatsapp : 6383384962

Date : 29 / 06 / 2021

Der Brief ist an alle gerichtet.

Liebe R,

der Allmächtige segnet uns alle.

Oh mein Gott, wie kann ich dir danken, mit dir verbunden zu sein und mit deiner überfließenden Liebe, Zuneigung und deinem Mitgefühl.
Wie kann ich Dir danken, der einzige Weg ist, mich den Lotusfüßen des Allmächtigen hinzugeben.
Du hast mich in dieses weltliche Leben gebracht, nachdem du alle die wunderbaren Dinge erschaffen hast, um jede einzelne Seele zu genießen.

Es ist früh am Morgen, die Dunkelheit ist verschwunden, ein blauer Himmel glänzt wie ein weißblauer Eisgletscher. Sanfter Wind bringt mir süße Neuigkeiten und Erinnerungen. Sofort drängt mich mein Verstand aus meinem Zimmer und ich beginne über Wald und Wiesen zu laufen. Ich erkenne mit der Natur nun den Sinn des Lebens. Ich verstehe aus der inneren Tiefe meiner Seele, allen Lebewesen zu dienen.

Das Leben besteht nicht nur darin, für uns selbst zu leben, sondern auch für jeden einzelnen da zu sein.

Das Universum ist weit ausbreitend und das göttliche Licht ist weit ausbreitend und es ist unsere absolute Verantwortung, dies mit jedem einzelnen mit Mitgefühl zu teilen. Wir müssen den Hass aus dem Verstand beseitigen.

Wie ist das möglich? Ich bekomme die Antwort: Liebe jeden, den du kennst oder auch nicht kennst. Dann kannst du wie ein Engel sein, um der Natur Harmonie zu schenken. Die Natur ist vom Allmächtigen (Gott) erschaffen.

Manchmal erzählt der Ego-Verstand Dinge über dich selber und nicht über das Wohlergehen anderer. Meine Seele befiehlt mir, gut zu denken und immer Gutes zu tun. Dann können wir erkennen, was Leben bedeutet und es ist nichts anderes als SANTHUSTI (Glückseligkeit), sich der Natur hinzugeben und für immer und ewig mit der Natur zu leben.

Ramani Guruji

NARBHAVI

No. 18, Alamelupuram,
East Tambaram, Selaiyur P.O.,
Chennai – 600 126. S.India
Cell : 9444040109
Whatsapp : 6383384962

Date : 29 / 06 / 2021

Fortsetzung   29.06.2021

Erde, Himmel, Wind, Licht werden euch leiten und das Feuer ist in eurer Seele, das jeden dazu bringt, die wunderbare Welt als Gottes Schöpfung zu erkennen.

Wir müssen frische Luft atmen und den herrlichen Anblick der Natur genießen.
Wieder bitte ich euch, kommt aus eurem Zimmer, seht nach draußen und geht mit positivem Denken und ihr könnt innerlich mit der Natur sprechen. Frische Luft, das Fließen des Wassers von den Bergen, Flüssen und Tälern heißt euch willkommen. Schaut euch die Bergseite an, wunderschöne Rehe beginnen, euch anzuschauen und staunen selbst, wenn sie euch sehen. Das Reh sagt, wie großartig die Menschen sind. Jetzt möchte ich darüber nachdenken, über die inneren Verbindungen der Seelen von den Rehen und mir nachdenken. Sie sind so verwandt, dass ihr es vielleicht komisch findet. Es ist wirklich eine Zärtlichkeit der Liebe und des Mitgefühls.

Hier ist der GOTT, der alle näher und näher zusammen bringt.

Was für ein wunderbares Leben!

Was für eine wundervolle Welt! Es ist wie der Morgenstern.
Jetzt segnet euch die Brise, die euch Frische in Körper, Geist und Seele schenkt.

Die Natur ist euer Partner, eine nie endende Beziehung voller Mitgefühl.

Danke,
Guruji
OM SHANTHI SANTHUSTI

Ramani Guruji

NARBHAVI

No. 18, Alamelupuram,
East Tambaram, Selaiyur P.O.,
Chennai – 600 126. S.India
Cell : 9444040109
Whatsapp : 6383384962

Date : 29 / 06 / 2021

Dear W   ,

Happiness which is the embodiment of love and affection. How blessed you are. The creator gives you this great opportunity to come closer and closer of all our friends throughout the universe. How to enjoy the creators beauty very simple Love the nature, be with nature and understand the roots of the nature. Now you can feel the great divine energy strength to do good things forever and forever to all.

What a real surprise, one early morning I have a dream in which two angels called me with sweet voice W   W   that means happiness and happiness for all and it says Mother Mary Kavala waiting to see you there with your friends. When you light candle Mother says she will bring out lot of hidden things within your soul. By that you can make others understand life to adjust and accommodate free like a wind. Your voice looks like wind and light that makes everyone harmony. You have to establish sweetness of your life. The angel commands you to say Mother Mary not only bless you and but gives you also honey cake. Now it is your duty. Take your pen, connect it with your soul and write. This will bring peace and happiness for all our friends.

"SANTHUSTI"

Thanking you,
Guruji

NARBHAVI
Ramani Guruji

Ramani Guruji

No. 18, Alamelupuram,
East Tambaram, Selaiyur P.O.,
Chennai – 600 126. S.India
Cell : 9444040109
Whatsapp : 6383384962

Date : 29 / 06 / 2021

Der Brief ist an alle gerichtet.

Liebe W.,

Glück ist die Verkörperung von Liebe und Zuneigung. Wie gesegnet seid ihr. Der Schöpfer gibt euch diese großartige Gelegenheit, all unseren Freunden im ganzen Universum näher und näher zu kommen. Wie können wir die Schönheit des Schöpfers genießen? - ganz einfach – Liebt die Natur, seid mit der Natur und versteht die Wurzeln der Natur. Jetzt könnt ihr die große göttliche Energiekraft spüren, um gute Dinge für immer und ewig für alle zu tun.

Was für eine echte Überraschung:
Eines frühen Morgens hatte ich einen Traum, in dem mich zwei Engel mit sußer Stimme W., W. riefen - das bedeutet Glück und Glück für alle. Und es heißt, Mutter Maria in Kevelaer (Marienwallfahrtsort am Niederrhein) wartet darauf, euch mit euren Freunden dort zu sehen. Wenn ihr eine Kerze anzündet, sagt Mutter, dass sie viele verborgene Dinge in eurer Seele hervorbringen wird. Auf diese Weise könnt ihr anderen das Leben verständlich machen, mitzugehen und sich anzupassen so frei wie der Wind.

Eure Stimme sieht aus wie Wind und Licht, die allen Harmonie bringt. Ihr müsst Süße in eurem Leben etablieren. Der Engel befiehlt euch, Mutter Maria mitzuteilen, euch nicht nur zu segnen, sondern euch auch Honigkuchen (eine Spezialität an dem Wallfahrtsort) zu geben.

Jetzt ist es eure Pflicht. Nehmt euren Stift, verbindet ihn mit eurer Seele und schreibt. Dies wird allen unseren Freunden Frieden und Glück bringen.

Danke,
Guruji

SANTHUSTI

Ramani Guruji

NARBHAVI

No. 18, Alamelupuram,
East Tambaram, Selaiyur P.O.,
Chennai – 600 126. S.India
Cell : 9444040109
Whatsapp : 6383384962

Date : 01 / 07 / 2021

Dear friends,

With all divine blessings for all of you. Wonderful time is going to come to you very soon, that is closer and closer.

Please come out of your house for a while and enjoy the nature. Be one among the nature and you can feel the love and joy with full of compassion with the nature.

In this wonderful world everything comes out of nature. No one can be against the nature. Mother earth has called you and speaking to you with wonderful divine voice.

The wonder with the nature is to give us not only beauty, but full of strength and confidence to complete the mission of our life. At this moment an angel came and requested the mother earth to give your joyful blessings with presents to all the European people.

Mother earth gives the fullest blessings to all of you and in her message Rupa will get more inner voice about the nature and the beauty which is going to give light and love to all of us. This will happen very soon. It is a indirect message that Rupa to bring many natural therapy to all friends.

Today I want to tell about mother earth. The earth sand (mud) which will have more power to cure health, skin problems and pain in body and ankles. At the same time, mud bath will cure internal disorder in stomach, liver and other parts. Now you say everyone knows about that mud bath, but in this modern world everyone has forgotten this and they say they have no time to spare for that. Please take some muddy sand like a paste put it on your body and if possible be in sunlight for at least half an hour, later take bath. You will feel the strength of the muscles and get strong strength at the same time blood flow go in a right way. Sick people or skin problem people can do this mud bath for some days and they will get cured. If you apply on the stomach region, the inner complication will go. One can enjoy the treatment and be strong forever.

OM SHANTHI
SANTHUSTI

Thanking you,
Guruji

NARBHAVI
Ramani Guruji

Ramani Guruji

NARBHAVI

No. 18, Alamelupuram,
East Tambaram, Selaiyur P.O.,
Chennai – 600 126. S.India
Cell : 9444040109
Whatsapp : 6383384962

Date : 01 / 07 / 2021

Liebe Freunde,

mit allen göttlichen Segnungen für euch alle. Es wird sehr bald eine wunderbare Zeit zu euch kommen, sie kommt näher und näher.

Bitte kommt aus eurem Haus für eine Weile und genießt die Natur. Seid verbunden mit der Natur und ihr könnt die Liebe und Freude voller Mitgefühl mit der Natur spüren.
In dieser wunderbaren Welt kommt alles aus der Natur. Niemand kann gegen die Natur sein. Mutter Erde hat euch gerufen und mit wunderbarer göttlicher Stimme zu euch gesprochen.
Das Wunder mit der Natur ist es, uns nicht nur Schönheit sondern volle Stärke und Vertrauen zu schenken, um die Mission unseres Lebens zu erfüllen. In diesem Moment kam ein Engel und bat die Mutter Erde, allen ihren treudvollen Segen mit Geschenken an alle Europäer zu geben.
Mutter Erde schenkt euch allen den vollen Segen und in ihrer Botschaft wird R. mehr eine innere Stimme über die Natur und die Schönheit bekommen, die uns allen Licht und Liebe spenden wird. Dies wird sehr bald geschehen. Es ist eine indirekte Nachricht, die R. mit vielen natürlichen Therapien an alle Freunde bringt.

Heute möchte ich etwas über Mutter Erde erzählen.
Der ErdenSand (der ErdenSchlamm) wird mehr Kraft zur Heilung haben - für die Gesundheit, für Hautproblemen und Schmerzen in Körper und Knöcheln. Gleichzeitig werden Schlammbäder innere Störungen in Magen, Leber und anderen Körperteilen heilen. Jetzt sagt ihr, dass jeder diese Schlammbäder kenne, aber in dieser modernen Welt hat jeder es vergessen und sie sagen, dass sie dafür keine Zeit haben. Bitte nehmt etwas schlammigen Sand wie eine Paste und tragt sie auf dem Körper auf und wenn möglich, seid wenigstens eine halbe Stunde lang im Sonnenlicht und danach nehmt ein Bad.
Ihr werdet die Stärkung der Muskeln spüren und gleichzeitig eine kraftvolle Stärke empfinden, wie der Fluss des Blutes in die richtige Richtung geht. Kranke Menschen oder Menschen mit Hautproblemen können diese Schlammbäder einige Tage lang machen und sie werden geheilt. Wenn ihr den Schlamm auf die Magengegend legt, werden die innere Komplikationen verschwinden. Wir können die Behandlung genießen und für immer stark sein.

OM SHANTHI SANTHUSTI

Thanking you, Danke

Guruji

Ramani Guruji

NARBHAVI

No. 18, Alamelupuram,
East Tambaram, Selaiyur P.O.,
Chennai – 600 126. S.India
Cell : 9444040109
Whatsapp : 6383384962

Date : 01 / 07 / 2021

Dear R   ,

This is about five elements. I'm just blabbering, if you find any good things in it take it.

Water

One must understand the importance of water. Because of this almighty created ¾ of water and ¼ of land. Even in our body water content is more and more.

Long back western countries follow <u>water treatment.</u> Vincenz Priessnitz and Louis Kuhne advised all for water treatment. Please turn your head towards nature.

Earth, water, air, sky and fire all this five elements where with us and within us. Whenever you have gotan opportunity, please go to a small stream of water flowing place. Walk on it or keep your foot on it, you will feel freshness and inner peace.

Air

You are living with air and air is living with us, you can feel and enjoy this. To enjoy the life we must learn to enjoy the nature. Walk on the woods, meadows and enjoy life and you will feel harmony with the nature. It is a wonderful experience, your compassion with the nature. Everyone be prepared to be strong enough with positive thinking and at the same time be one among the nature and enjoy. The almighty give life to enjoy with the nature.

Santhusti

Common message to all
1. Forgot who hurt you yesterday but don't forget those who love you everyday.
2. Forget the past that makes you cry and focus on the present that makes you smile.
3. Forget the pain but never the lessons you gained. Be cheerful always. Hallelujah Hallelujah. Mother Kevelaer gives abundant divine energy which you will realise very soon.

OM SHANTHI
SANTHUSTI

Thanking you,
Guruji

NARBHAVI
Ramani Guruji

Ramani Guruji

NARBHAVI

No. 18, Alamelupuram,
East Tambaram, Selaiyur P.O.,
Chennai – 600 126. S.India
Cell : 9444040109
Whatsapp : 6383384962

Date : 01 / 07 / 2021

Dieser Brief ist an alle gerichtet.

Liebe R.,

hier geht es um die fünf Elemente.
Ich rede einfach darauf los, wenn ihr etwas Gutes darin findet, so nehmt es an.

Wasser

Wir müssen die Bedeutung von Wasser verstehen. Aus diesem Grund hat der Allmächtige dreiviertel Wasser und ein viertel Land erschaffen. Auch in unserem Körper haben wir einen höheren Wassergehalt.

In früheren Zeiten haben sich die westlichen Länder viel mit der Behandlung durch Wasser beschäftigt. Vincenz Prießnitz und Louis Kuhne empfahlen allen eine Behandlung mit Wasser.

Bitte wendet euren Kopf der Natur zu.

Erde, Wasser, Luft, Himmel und Feuer - all diese fünf Elemente sind bei uns und in uns. Wann immer ihr die Gelegenheit habt, geht bitte an einen kleinen Bach mit fließendem Wasser und nehmt dort Platz. Geht hinein ins Wasser oder lasst den Fuß hinein; Ihr werdet Frische und innere Ruhe empfinden.

Luft

Ihr lebt mit der Luft und die Luft lebt mit euch, das könnt ihr spüren und genießen. Um das Leben zu genießen, müssen wir lernen, die Natur zu genießen. Wandert durch Wald und Wiesen und genießt das Leben und fühlt euch im Einklang mit der Natur.

Es ist eine wundervolle Erfahrung, euer Mitgefühl mit der Natur.

Jeder sei bereit, mit positivem Gedanken stark genug zu sein und gleichzeitig mitten in der Natur zu sein und sie zu genießen.

Der Allmächtige gibt das Leben, damit wir es mit der Natur genießen.

Santhusti

Gemeinsame Botschaft an alle

1. Vergesst, wer euch gestern verletzt hat, aber vergesst nicht diejenigen, die euch jeden Tag lieben.
2. Vergesst die Vergangenheit, die euch zum Weinen bringt und konzentriert euch auf die Gegenwart, die euch zum Lächeln bringt.
3. Vergesst den Schmerz, aber nie die Lektionen, die ihr daraus gewonnen habt.

Seid immer fröhlich.
Halleluja Halleluja.
Mutter Kevelaer schenkt reichlich göttliche Energie, die ihr sehr bald erkennen werdet.

OM SHANTHI, SANTHUSTI   Thanking you,   Danke, Guruji

 *Ramani Guruji*

NARBHAVI

No. 18, Alamelupuram,
East Tambaram, Selaiyur P.O.,
Chennai – 600 126. S.India
Cell : 9444040109
Whatsapp : 6383384962

Date : 02 / 07 / 2021

Dear Rupa,

The greatest healing power in the universe is love, peace, compassion, forgiveness, divine wisdom, inner joy, oneness, Ravi, Shakthi, Shiva. For every wave of emotion or thought, there is a bright light within.Be still and focus on your light and the waves will pass through you. In this context, I want to tell you: rays of sunlight are divine energy which, without your knowledge, passes through your body and goes out. Those rays, while going out through the body, take away all the bad things. As an example, it is like washing our clothes. One must be aware whenever the time permits; we must come out of our houses, and walk through the open air, meadows, and woods, and enjoy the beautiful creation of the Almighty. Go to a stream, enjoy the flow of water, calm yourself down, and listen to the rhythmic sound from the forceful water. It makes you happy, and at the same time you can enjoy and experience the flow within you.

Thanking you,
Guruji'

NARBHAVI

No. 18, Alamelupuram,
East Tambaram, Selaiyur P.O.,
Chennai – 600 126. S.India
Cell : 9444040109
Whatsapp : 6383384962

Date : 02 / 07 / 2021

Der Brief ist an alle gerichtet.

Liebe R.,

die größte Heilkraft im Universum ist Liebe, Frieden, Mitgefühl, Vergebung, göttliche Weisheit, innere Freude, Einheit, Ravi, Shakthi, Shiva.

In jeder Gefühlswelle oder jedem Gedanken gibt es im Inneren ein helles Licht.
Seid stille und konzentriert euch auf euer Licht und die Wellen werden durch euch hindurchgehen.

In diesem Zusammenhang möchte ich euch sagen:
Strahlen des Sonnenlichtes sind göttliche Energie, die ohne euer Wissen durch euren Körper hindurchgehen und wieder hinausgehen. Diese Strahlen, die durch den Körper gehen, nehmen all die schlechten Dinge weg. Es ist als Beispiel wie das Waschen unserer Kleidung.
Wir müssen uns dessen bewusst sein, wann immer es die Zeit erlaubt.

Wir müssen aus unseren Häusern herauskommen und durch die frische Luft, durch Wiesen und Wälder wandern und die wunderschöne Schöpfung des Allmächtigen genießen.
Geht zu einem Bach, genießt das Fließen des Wassers, werdet ganz ruhig und lauscht dem rhythmischen Klang des kraftvollen Wassers.

Es macht euch glücklich und gleichzeitig könnt ihr das Fließen in euch genießen und erleben.

Danke,
Guruji

Ramani Guruji

NARBHAVI

No. 18, Alamelupuram,
East Tambaram, Selaiyur P.O.,
Chennai – 600 126. S.India
Cell : 9444040109
Whatsapp : 6383384962

Date : 02 / 07 / 2021

Dear R

The Divine force coming from the sky to the earth, the double energy of light and sound coming together, make not only that place purified, but the same rays purify everything, especially the people who pass through that area - Fully charged with that power (Fully energized). How to praise the Almighty? The work of his play to enlighten mankind. The Almighty, the Great Mother, only knows what her children want. She is always giving energy, support, and enlightenment in this worldly life.

My dear friends, what a wonderful opportunity you have got in this worldly life, in the form of human life? Only we can enjoy the bliss, the enlightenment and at the same time the oneness God. I surrender my thoughts and deeds at the lotus feet of Mother Mary.

SANTHUSTI

Thank you!
Guruji

Ramani Guruji

NARBHAVI

No. 18, Alamelupuram,
East Tambaram, Selaiyur P.O.,
Chennai – 600 126. S.India
Cell : 9444040109
Whatsapp : 6383384962

Date : 02 / 07 / 2021

Der Brief ist an alle gerichtet.

Liebe R.,

die göttliche Kraft, die vom Himmel zur Erde kommt, die doppelte Energie des Lichtes und des Klanges, die sich vereinigen, reinigen nicht nur diesen Ort, die gleichen Strahlen reinigen alles, vor allem die Menschen, die durch dieses Gebiet gehen - voll aufgeladen mit dieser Kraft (vollständig energetisiert).

Wie können wir den Allmächtigen preisen?

Das Werk seines Spiels ist es, die Menschen zu erleuchten.
Nur der Allmächtige, die große Mutter, weiß, was ihre Kinder wollen. Sie gibt immer Energie, Unterstützung und Erleuchtung in diesem weltlichen Leben.

Meine lieben Freunde, was für eine wunderbare Gelegenheit habt ihr bekommen in diesem weltlichen Leben, in der Form des menschlichen Lebens. Nur wir können die Glückseligkeit, die Erleuchtung und gleichzeitig die Einheit Gottes genießen.

Meine Gedanken und Taten gebe ich hin zu den Lotus Füßen von Mutter Maria.

Danke Guruji

Ramani Guruji

NARBHAVI

No. 18, Alamelupuram,
East Tambaram, Selaiyur P.O.,
Chennai – 600 126. S.India
Cell : 9444040109
Whatsapp : 6383384962

Date : 02 / 07 / 2021

Dear R   ,

Think for a moment. Who is going to take care of you in this worldly life? Suddenly, a voice from the sky says, "Nature will take care!". Nature is abundant and full of energy and love. With that same energy and love, take your hand to walk in the right path, so that you can find joy and harmony. So simple! So beautiful! So elegant! To me, here in this worldly life, with the blessing of nature, sit in the open air or walk through the forest or meadows. You will get crystal clear air, and light with full of energy. God created the mountains and woods not for beauty, but to support us in this worldly life. More stronger, and stronger with joy, harmony, along with support. One must have come to a conclusion by now: we and nature become one. It is true, that the divine calculation is: 1+1 = 1

Thank You! Thank You! Thank You!
Guruji

NARBHAVI

No. 18, Alamelupuram,
East Tambaram, Selaiyur P.O.,
Chennai – 600 126. S.India
Cell : 9444040109
Whatsapp : 6383384962

Date : 02 / 07 / 2021

Der Brief ist an alle gerichtet.

Liebe R.,

Denkt für den Moment nach.

Wer wird in diesem weltlichen Leben auf euch achtgeben?
Plötzlich sagt eine Stimme vom Himmel:
„Die Natur wird auf euch achtgeben".

Die Natur ist überreich und voller Energie und Liebe. Genau diese Energie und Liebe nehmt in eure Hand, um den richtigen Weg zu gehen, damit ihr Freude und Harmonie finden könnt. So einfach! So wunderschön! So elegant!

Für mich, hier in diesem weltlichen Leben, mit dem Segen der Natur, setzt euch ins Freie oder geht durch den Wald oder die Wiesen spazieren.
Ihr werdet kristallklare Luft erhalten und Licht voller Energie. Gott hat die Berge und die Wälder erschaffen nicht für die Schönheit an sich, sondern um uns in diesem weltlichen Leben zu unterstützen - immer stärker und stärker mit Freude, Harmonie als Unterstützung.

Wir müssen zu dem Entschluss kommen:

Wir und die Natur werden eins.

Es ist wahr, dass die göttliche Berechnung ist: 1+1=1

Danke! Danke! Danke,

Guruji

NARBHAVI

No. 18, Alamelupuram,
East Tambaram, Selaiyur P.O.,
Chennai – 600 126. S.India
Cell : 9444040109
Whatsapp : 6383384962

Date : 04 / 07 / 2021

Experience

Always I used to get up a little late on Sundays. But this wonderful Sunday I got up at 5:40am, because I heard a sweet klung (sound) of a church bell. I got up and opened the windows, and pleasant fresh air touched my face and said "Welcome in". Now I am able to understand how the nature is nourishing us with all beings. I feel nature takes care of us like a newborn child. My mind ordered me to go to the riverside. I went to the river Rhine and sat on the banks for sometime. Even though it was a little cold, I still enjoyed it. Like a dream, within a minute I feel myself like a running water, and go along with the force of the flowing water, to find out the way it ends. What a surprise! There is no end. Now I understand the limit of the Almighty and it reminds me, "Nature is nature, and there is no end for it". Dear friends, in order to get good health, good energy, spend the extra time to enjoy the nature and feel the nature. Not only yourself, but along with your family and friends. It is always in my mind that the bliss or the enlightenment come into my soul by the grace of Mother Mary. Again I came to my house. I feel bored and restless. Then for some time, I went to my garden. I felt a lovely paradise that is the glory of the nature which makes my body, soul more energetic, powerful to do good things forever and forever. In the afternoon of the Sunday, I drove my car towards M   . I entered P   straze. I stopped my car at 53 P   . How do I say my dear friends? I looked for just a moment at 53 P   as a garden is really wonderful. It is a little paradise. I walked a little and entered the woods on one side and an open field on the other. In the field, a few cows and calves are there. A few cows looked at me straight and bowed their heads two times. I heard the sound of a bell from the neck of the cow, ringing in my ears - "Welcome". Some immediate light from the sky with sweet voice says, "R   wonders will happen by the grace of God to know about the nature." Please come to know today, your life is a pilgrimage, it is not just living. In this life of pilgrimage you will get all peace and harmony. Mother Mary is always taking care of us. Always remember God is great, Nature is our life. Love nature, that means God loves you very much. Both God and Nature are the same.

Thank you,
Guruji

Ramani Guruji

NARBHAVI

No. 18, Alamelupuram,
East Tambaram, Selaiyur P.O.,
Chennai – 600 126. S.India
Cell : 9444040109
Whatsapp : 6383384962

Date : 04 / 07 / 2021

Erfahrung

Sonntags stehe ich eigentlich immer ein bisschen später auf. Aber an diesem wunderbaren Sonntag bin ich um 5:40 Uhr aufgestanden, weil ich ein süßes Klung (Klang) einer Kirchenglocke hörte. Ich stand auf und öffnete die Fenster und angenehme frische Luft berührte mein Gesicht und sagte "Willkommen".

Jetzt bin ich in der Lage zu verstehen, wie uns die Natur in allen Wesen nährt. Ich fühle, dass die Natur auf uns acht gibt wie um ein neugeborenes Kind.

Mein Verstand forderte mich auf, zum Flussufer zu gehen. Ich ging zum Rhein und saß eine Zeit lang am Ufer. Obwohl es ein wenig kalt war, genoss ich es trotzdem. Wie ein Traum fühle ich mich innerhalb einer Minute wie ein fließendes Wasser und gehe mit der Kraft des fließenden Wassers mit, um herauszufinden, wie es endet. Was für eine Überraschung! Es gibt kein Ende. Jetzt verstehe ich die Grenze des Allmächtigen und es erinnert mich daran: "Natur ist Natur und es gibt für sie kein Ende".

Liebe Freunde, um gute Gesundheit, gute Energie zu bekommen, verbringt extra viel Zeit, um die Natur zu genießen und die Natur zu fühlen. Nicht nur für euch selbst, sondern auch für eure Familie und Freunde.

Es ist immer in meinem "mind", dass die Glückseligkeit oder die Erleuchtung durch die Gnade der Mutter Maria in meine Seele kommt.

Wieder kam ich in mein Haus. Ich fühle mich gelangweilt und ruhelos. Dann ging ich für einige Zeit in meinen Garten. Ich fühlte ein liebliches Paradies, das die Herrlichkeit der Natur ist, die meinen Körper, meine Seele energievoller macht, kraftvoll, um für immer und ewig Gutes zu tun.

Am Nachmittag dieses Sonntags fuhr ich mit meinem Auto in Richtung MH/ R. Ich fuhr in die P.Straße ein. Ich hielt mein Auto in der P.Straße an. Wie soll ich es sagen, meine lieben Freunde? Ich schaute mir die P.Straße für einen kurzen Moment an, denn der Garten ist wirklich wunderschön. Es ist ein kleines Paradies. Ich bin ein Stück gelaufen und kam auf der einen Seite in den Wald und auf der anderen Seite auf ein offenes Feld. Auf dem Feld stehen ein paar Kühe und Kälber. Ein paar Kühe schauten mich direkt an und neigten ihre Köpfe zweimal, ich hörte den Klang einer Glocke vom Hals der Kuh, die in meinen Ohren klingelte - "Willkommen". Ein unmittelbares Licht vom Himmel mit süßer Stimme sagt: "R., Wunder werden durch die Gnade Gottes geschehen, um die Natur zu kennen." Bitte versteht heute, euer Leben ist eine Pilgerreise, es ist nicht nur ein Leben. In diesem Leben der Pilgerschaft werdet ihr allen Frieden und alle Harmonie erhalten.

Mutter Maria kümmert sich immer um uns. Denkt immer daran, dass Gott groß ist, die Natur ist unser Leben. Liebt die Natur, das bedeutet, dass Gott euch sehr liebt. Beide, Gott und die Natur, sind ein und dasselbe.

Ich danke Euch,
Guruji

Ramani Guruji

No. 18, Alamelupuram,
East Tambaram, Selaiyur P.O.,
Chennai – 600 126. S.India
Cell : 9444040109
Whatsapp : 6383384962

Date : 04 / 07 / 2021

Dear R   ,

Always in my mind and thoughts, the great sweet and divine voice murmuring "Veate-Wargalla". The hidden treasure, wonderful divine voice which is within you will come out hereafter to do good things for the welfare of humanity. I am very proud to pass this message to you, be active. Whenever you get thoughts, immediately make a note of it, that is my request.
Please pass on this message to all.

All my prayers for you!

Thank you,
Guruji'

Ramani Guruji

NARBHAVI

No. 18, Alamelupuram,
East Tambaram, Selaiyur P.O.,
Chennai – 600 126. S.India
Cell : 9444040109
Whatsapp : 6383384962

Date : 04 / 07 / 2021

Dieser Brief ist an alle gerichtet.

Liebe R.,

in meinem Geist und meinen Gedanken murmelt immer die große süße und göttliche Stimme "B.-W.". Der verborgene Schatz, die wunderbare göttliche Stimme, die in euch ist, wird jetzt hervorkommen, um Gutes für das Wohl der Menschheit zu tun.

Ich bin sehr stolz, diese Botschaft an euch weiterzugeben, seid aktiv. Wann immer ihr einen Gedanken habt, macht euch sofort eine Notiz davon, das ist meine Aufforderung.

Bitte gib diese Nachricht an alle weiter.

Alle meine Gebete für euch!

danke
Guruji

 *Ramani Guruji*

NARBHAVI

No. 18, Alamelupuram,
East Tambaram, Selaiyur P.O.,
Chennai – 600 126. S.India
Cell : 9444040109
Whatsapp : 6383384962

Date : 04 / 07 / 2021

I am Ramani Guruji

My message to all our friends, in Germany, Austria and Switzerland. Be strong inwardly, nature is going to give abundant energy and strength and you will find peace and harmony in your day-to-day family life. And also, your work to do good service to others will bring lots of not only peace, but prosperity. My humble prayers always for you all.
My salutations to Mother Mary.

Santhusti

Ramani Guruji

NARBHAVI

No. 18, Alamelupuram,
East Tambaram, Selaiyur P.O.,
Chennai – 600 126. S.India
Cell : 9444040109
Whatsapp : 6383384962

Date : 04 / 07 / 2021

Ich bin Ramani Guruji

Meine Grußbotschaft an alle unsere Freunde, in Deutschland, Österreich und der Schweiz.

Seid innerlich stark, die Natur wird euch reichlich Energie und Kraft geben und ihr werdet Frieden und Harmonie in eurem täglichen Familienleben finden.

Und auch eure Arbeit, anderen einen guten Dienst zu erweisen, wird viel Frieden und auch Wohlstand bringen. Meine bescheidenen Gebete sind immer für euch alle.

Meine Grüße an Mutter Maria.

Santhusti (Glückseligkeit)

 *Ramani Guruji*

NARBHAVI

No. 18, Alamelupuram,
East Tambaram, Selaiyur P.O.,
Chennai – 600 126. S.India
Cell : 9444040109
Whatsapp : 6383384962

Date : 06 / 07 / 2021

Good morning! Pleasant day for all!

The Almighty's divine rays are coming to us to give more energy, strength, and happiness for the coming days. Dear friends, be strong mentally, think positively, and everything is going to bring good, success, peace and harmony to all of you. It is a blessing from Kaka Bhunjanda, and at the same time the glorious Mother Mary, giving not only inner strength, but she will give good opportunity for peace and health.

All my prayers for you!

Thank you,
Guruji

Ramani Guruji

NARBHAVI

No. 18, Alamelupuram,
East Tambaram, Selaiyur P.O.,
Chennai – 600 126. S.India
Cell : 9444040109
Whatsapp : 6383384962

Date : 06 / 07 / 2021

Guten Morgen!   Einen freundlichenTag für alle!

Die göttlichen Strahlen des Allmächtigen kommen zu uns, um mehr Energie, Stärke und Glück für die kommenden Tage zu geben.

Liebe Freunde, seid geistig stark, denkt positiv, und alles wird euch allen Gutes, Erfolg, Frieden und Harmonie bringen.
Es ist ein Segen von Kaka Bhunjanda und gleichzeitig der glorreichen Mutter Maria, die nicht nur innere Kraft gibt, sondern auch eine gute Gelegenheit für Frieden und Gesundheit.

All meine Gebete für euch!

Ich danke Euch,
Guruji

 *Ramani Guruji*

No. 18, Alamelupuram,
East Tambaram, Selaiyur P.O.,
Chennai – 600 126. S.India
Cell : 9444040109
Whatsapp : 6383384962

Date : 06 / 07 / 2021

FAITH IN GOD

I bow my head, and I surrender all my feelings to your lotus feet, O Mother Mary! Now I fully know your affection, compassion, and love for all of us. This is really a great gift to all of humanity. What a wonderful gift you have given to us: Nature (Mother Earth). Through the wonderful blue sky, the sun has started to shine, blessing all. Now this is the time, not only to relax but to realise the energy of the Sun God, air, and earth.

It was a wonderful morning, a gentle cool breeze outside welcoming us. I started for the market place, to buy vegetables. The market place is near the church, near the old house of Balaji, and the current house of Tara. I stopped my car, and walked inside the market. The potato dealer, with full of smiles said "Good Morning!". I really appreciated his activeness and his father used to tell me about his hard work in the field. Lots of people buy fresh vegetables, flowers etc. The ladies getting together in the market, full of laughter and smiles, is a wonderful sight. At the time, the church bell gave a "klung", and everyone felt it as the blessing of Mother God. When people buy vegetables and flowers with joy and smile, the vegetables and flowers feel more happy to be with the human beings. This maybe my imagination, but I feel if I were a vegetable or flower, I would feel that way. That is the beauty of Nature. Now I can proudly tell you, I mix myself with Nature, and its glory. It is the greatest opportunity God has given us in this wonderful world to live a life full of love.

Dear friends, come closer and closer, full of faith, positive thinking, and with great devotion and compassion. Please, you must always think, "Today is good! Tomorrow is good! Everyday is good!"

Thank you!

OM SHANTHI

Ramani Guruji

NARBHAVI

No. 18, Alamelupuram,
East Tambaram, Selaiyur P.O.,
Chennai – 600 126. S.India
Cell : 9444040109
Whatsapp : 6383384962

Date : 06 / 07 / 2021

VERTRAUEN IN GOTT

Ich beuge meinen Kopf und gebe alle meine Gefühle zu deinen Lotusfüßen hin,
oh Mutter Maria! Jetzt kenne ich voll und ganz deine Zuneigung, dein Mitgefühl und
deine Liebe für uns alle. Dies ist wirklich ein großes Geschenk für die ganze
Menschheit. Was für ein wundervolles Geschenk hast du uns gemacht:
Natur (Mutter Erde).

Durch den wunderbaren blauen Himmel hat die Sonne begonnen zu scheinen und alle
zu segnen. Jetzt ist es an der Zeit, nicht nur zu entspannen, sondern die Energie des
Sonnengottes, der Luft und der Erde zu verwirklichen.

Es war ein wunderbarer Morgen, eine sanfte kühle Brise draußen begrüßte uns. Ich
machte mich auf den Weg zum Marktplatz, um Gemüse zu kaufen. Der Marktplatz ist in
der Nähe der Kirche, in der Nähe des ursprünglichen Wohnhauses von B. und des
jetzigen Hauses von T. Ich hielt mein Auto an und ging auf den Markt.

Der Kartoffelhändler sagte lächelnd "Good Morning!". Ich schätzte seine Tatkraft sehr
und sein Vater hatte mir immer wieder von seiner harten Arbeit auf dem Feld erzählt.
Viele Menschen kaufen frisches Gemüse, Blumen usw. Die Frauen kommen auf dem
Markt zusammen, voller Lachen und Lächeln, es ist ein wunderbarer Anblick.
Zu dieser Zeit gab die Kirchenglocke einen "Klang" und jeder empfand es als den
Segen von Mutter Gottes. Wenn die Menschen mit Freude und Lächeln Gemüse und
Blumen kaufen, fühlen sich das Gemüse und die Blumen noch glücklicher mit den
menschlichen Wesen zusammen zu sein. Dies ist vielleicht meine Einbildung, aber ich
fühle, wenn ich ein Gemüse oder eine Blume wäre, würde ich mich auch so fühlen. Das
ist die Schönheit der Natur.
Jetzt kann ich euch mit Stolz sagen, dass ich mich mit der Natur und ihrer Herrlichkeit
vereinige. Es ist die größte Chance, die Gott uns in dieser wunderbaren Welt gegeben
hat, ein Leben voller Liebe zu leben.

Liebe Freunde, kommt näher und näher, voller Vertrauen, positivem Denken und mit
großer Hingabe und Mitgefühl.
Bitte, ihr müsst immer denken: "Heute ist gut! Morgen ist gut! Jeder Tag ist gut!"

Ich danke euch!

OM SHANTHI

Ramani Guruji

NARBHAVI

No. 18, Alamelupuram,
East Tambaram, Selaiyur P.O.,
Chennai – 600 126. S.India
Cell : 9444040109
Whatsapp : 6383384962

Date : 06 / 07 / 2021

Sun God gives strength, and joy

At 4pm I started my regular walking in the woods and meadows. What a wonder! Suddenly, I saw a wonderful rainbow. No words could describe the beauty of the rainbow. My mind said, "Oh my dear Almighty! How did you make such a wonderful rainbow within a short period, and with wonderful colours?" The colours of the rainbow give intuitive energy and vibration to admire the beauty of not only the rainbow itself, but also to admire the gift of Nature. Then I realise, it is not only beauty, it is the glorious act of God. I could not move further. I sat on a wooden platform and my mind started thinking of so many things. After a while, I came to the conclusion that all the actions of creators make us understand life and nature. For a moment my mind pondered how to solve or clear all our problems, and also to have good health. Then I heard a meaningful voice from my inner self answering all these questions. It said, "Surrender yourself to the Almighty by way of doing good things for others and be with Nature, then the purpose of this life will be fulfilled. That means life is <u>endless</u>." You are with Nature, and Nature is with you. Without this, there is no life.

Thank you!
Guruji

Ramani Guruji

NARBHAVI

No. 18, Alamelupuram,
East Tambaram, Selaiyur P.O.,
Chennai – 600 126. S.India
Cell : 9444040109
Whatsapp : 6383384962

Date : 06 / 07 / 2021

Der Sonnengott gibt Stärke und Freude

Um 16 Uhr begann ich meinen regelmäßigen Spaziergang durch die Wälder und Wiesen. Welch ein Wunder! Plötzlich sah ich einen wunderbaren Regenbogen. Keine Worte konnten die Schönheit des Regenbogens beschreiben. Mein Verstand sagte: "Oh mein lieber Allmächtiger! Wie hast Du einen so wunderbaren Regenbogen in so kurzer Zeit und mit so wunderbaren Farben geschaffen?" Die Farben des Regenbogens geben intuitive Energie und Schwingung, um die Schönheit nicht nur des Regenbogens selbst zu bewundern, sondern auch das Geschenk der Natur zu bewundern.

Dann erkenne ich, es ist nicht nur Schönheit, es ist herrliche Schöpfungsakt Gottes. Ich konnte mich nicht weiter bewegen. Ich saß auf einem Stück Holz und mein Verstand begann so viele Dingen zu denken. Nach einer Weile kam ich zu dem Schluss, dass alle Handlungen des Schöpfers dazu da sind, dass wir das Leben und die Natur verstehen.

Einen Moment lang dachte ich darüber nach, wie wir all unsere Probleme lösen oder beseitigen können, und auch, wie wir eine gute Gesundheit haben können.

Dann hörte ich eine bedeutungsvolle Stimme aus meinem inneren Selbst, die all diese Fragen beantwortete. Sie sagte: "Gib dich dem Allmächtigen hin, indem du Gutes für andere tust und mit der Natur zusammen bist, dann wird der Sinn dieses Lebens erfüllt sein. Das bedeutet, das Leben ist endlos."

Du bist mit der Natur und die Natur ist mit dir. Ohne dies gibt es kein Leben.

Ich danke euch!
Guruji

Ramani Guruji

No. 18, Alamelupuram,
East Tambaram, Selaiyur P.O.,
Chennai – 600 126. S.India
Cell : 9444040109
Whatsapp : 6383384962

Date : 06 / 07 / 2021

Dear Friends,

HAVE A BIG SMILE

God has given all both smiles and smell. Your nose will find out the smell and your lips deliver the smile from your inner heart. I realise the greatness of Mother Earth, how she gives different varieties of sands, muds, and gives life to plants, flowers, etc. The sand will have a taste and different kinds of elements like Nitrogen, Silicon, Oxygen, etc etc. You will be surprised how the same earth gives energy and life to plants of different varieties. Because of this we get a lot of plants with different tastes, different sweetness, and different colours. It is all for the sake of human beings and all the living creatures. Look at the earth's sand and mud, each of them is different according to taste or strength. For all the plants that naturally grow, or those that we plant, the soil is most important because only it enables the plants to give a different variety of colour, fruit, and other beneficial items for others. Different plants grow in different areas or latitudes. Who planned this? It is the play of the Almighty (Mother Earth). The trees or plants sacrifice their life from day one till the end, in all ways and all means. Everything is useful and nothing is wasted. You can say it sacrifices its life upto the end and beyond. It is a lesson to all of us that we must do real service to all.

I want to mention that "Service to fellow men is Service to God". The angels brought the great blessings of Mother Mary. Really you are fortunate. You are under the protection of Mother Mary, and nature is always living with us, guiding us. Do not forget that.

SANTHUSTI

Ramani Guruji

NARBHAVI

No. 18, Alamelupuram,
East Tambaram, Selaiyur P.O.,
Chennai – 600 126. S.India
Cell : 9444040109
Whatsapp : 6383384962

Date : 06 / 07 / 2021

Liebe Freunde,

HABT EIN GROSSES LÄCHELN

Gott hat uns allen sowohl das Lächeln als auch den Duft gegeben. Eure Nase wird den Duft herausfinden und eure Lippen werden das Lächeln aus eurem inneren Herzen hervorbringen. Ich erkenne die Großartigkeit von Mutter Erde, wie sie verschiedene Arten von Sand und Schlamm und Leben für Pflanzen, Blumen usw. gibt. Der Sand wird einen Geschmack haben von verschiedenen Arten von Elementen wie Stickstoff, Silizium, Sauerstoff, usw. Ihr werdet überrascht sein, wie dieselbe Erde jetzt Energie und Leben an Pflanzen verschiedener Sorten gibt. Dadurch bekommen wir eine Menge Pflanzen mit unterschiedlichem Geschmack, unterschiedlicher Süße, unterschiedlicher Nässe und unterschiedlichen Farben.

Es ist alles zum Wohle der Menschen und aller lebenden Geschöpfe. Schaut euch den Sand und den Schlamm der Erde an, jeder von ihnen ist anders, je nach Geschmack oder Stärke.

Für alle Pflanzen, die auf natürliche Weise wachsen, oder die, die wir pflanzen, ist der Boden am wichtigsten, denn nur er ermöglicht es den Pflanzen, eine unterschiedliche Vielfalt an Farben, Früchten und anderen nützlichen Dingen für andere zu geben. Verschiedene Pflanzen wachsen in verschiedenen Gebieten oder Breitengraden. Wer hat das geplant? Es ist das Spiel des Allmächtigen (der Mutter Erde). Die Bäume oder Pflanzen opfern ihr Leben vom ersten Tag an bis zum Ende, auf jede Art und Weise und mit allen Mitteln. Alles ist nützlich und nichts wird verschwendet. Man kann sagen, sie opfert ihr Leben bis zum Ende und darüber hinaus. Es ist eine Lektion für uns alle, dass wir wirklichen Dienst an allen tun müssen.

Ich möchte betonen, "Dienst an den Mitmenschen ist Dienst an Gott".
Die Engel brachten den großen Segen von Mutter Maria. Ihr könnt euch wirklich glücklich schätzen. Ihr steht unter dem Schutz von Mutter Maria, und die Natur lebt immer mit uns und führt uns. Vergesst das nicht.

SANTHUSTI

Ramani Guruji

NARBHAVI

No. 18, Alamelupuram,
East Tambaram, Selaiyur P.O.,
Chennai – 600 126. S.India
Cell : 9444040109
Whatsapp : 6383384962

Date : 07 / 07 / 2021

My Dear Friends from Germany, Austria, and Switzerland,

My sincere prayers for all of you. I am sure the mother will shower her blessings on all of you. All the present hurdles, problems, inner sufferings, and misunderstandings will vanish. When the Sun God comes, the ice dews vanish. That is the lesson Nature tells us. Always feel, enjoy the experience while you do service to others will give much more inner happiness. Again the great maharishi Kaka Bhujanda gives his blessings to all of you.

Thank you!
Guruji

OM SHANTHI

Ramani Guruji

No. 18, Alamelupuram,
East Tambaram, Selaiyur P.O.,
Chennai – 600 126. S.India
Cell : 9444040109
Whatsapp : 6383384962

Date : 07 / 07 / 2021

Meine lieben Freunde aus Deutschland, Österreich und der Schweiz,

meine aufrichtigen Gebete für euch alle.

Ich bin sicher, dass die Mutter ihren Segen über euch alle ausschütten wird. All die gegenwärtigen Hürden, Probleme, inneren Leiden und Missverständnisse werden verschwinden.

Wenn der Sonnengott kommt, wird der Tau des Eises verschwinden. Das ist die Lektion, die uns die Natur erteilt. Spürt immer und genießt die Erfahrung, während ihr Dienst an anderen tut. Das wird euch immer größeres inneres Glück geben.

Noch einmal gibt der große Maharishi Kaka Bhujanda seine Segnungen an euch alle.

Ich danke euch!

Guruji

OM SHANTHI

Ramani Guruji

No. 18, Alamelupuram,
East Tambaram, Selaiyur P.O.,
Chennai – 600 126. S.India
Cell : 9444040109
Whatsapp : 6383384962

Date : 08 / 07 / 2021

My most beloved friends from Germany, Austria, and Switzerland,

Being a Thursday, it is Guru's day. I want to assure you that there are a lot of good things, not only financially, but also in our family, where you will find good harmony and peace. My main objective of this letter is regarding the environmental change in the universe. Some of the places it affects badly. On the Northern side of the Alps, a big thunderstorm, hail winds will give trouble. In order to minimise the impact of environmental change within our control, each and every individual should strictly follow the instructions to avoid throwing away waste things, and also keeping public places neat and tidy. I want to tell you clearly that in September, and October, not only the weather, the force of wind, etc will be favourable for us. In this worldly situation, so many countries will be affected by this environmental change. Give some peace and happiness, but after some time, we have to face thunderstorms or may be heavy rains or dust storms with heavy winds, etc. The other part of the world, a lot of unwanted natural disasters will happen. Melting of snow on both the poles will affect some parts with sea water rising higher. One has to be a little cautious.

Dear friends, Kaka Bhunjanda maharishi says he will protect all our friends, and also make good people come closer and closer to help you all. One thing that Bhunjanda especially says again and again is that of a positive outlook, positive thinking will bring not only success, but also will bring inner peace and harmony. He insists on you taking responsibility and doing your work. The reward will come by the grace of the Almighty. I want to tell you, my friends, that even if you are at home, plant some vegetables or green leaves in a small lawn or garden, or even in pots. Not only does this give a nice look, but it also gives good benefits for our own good.

Whatever I want to say, again and again in my thoughts it comes about Nature. Now I understand and admire nature; what a wonderful name. Why because it is a connected part and parcel of each one of our souls. Even though you have got hard work, come out for 5 mins to an open place, breathe, look at the sky, and enjoy the surroundings, then you will get more energy to work further. Nature is having a hidden treasure, not only as gold and metals, but also as a great energy. This is why we call Mother Earth as the Mother of Energy, and the Master of Energy. Please think for a moment, what a wonderful world this is, and at the same time how nature protected us from all the evils. We think we are carrying the evils on our shoulders, but that is not correct. All the evils will be removed by nature itself. What can one do to live with nature forever? The only answer is to be active, smile, and join in with each and everyone with complete harmony. There you can find bliss. My dear friends, the bliss and enlightenment are not somewhere else. They are within you. You have to bring it out with your love, affection, attachment, and compassion. Smile, it is a gift to you by the Almighty. If you smile, Mother Mary will not only bless you, but give you strength, and hug you with full of compassion. The relationship between Mother Mary and yourself is incomparable. It is called surrender (Faith), and oneness. You expect love, compassion, harmony. You also understand that others also expect the same. With a positive approach, be with friends, relatives and others. Harmony can be established only with devotion and determination. Our moods, ideas may change but love, attachment, and affinity never change.

Ramani Guruji

No. 18, Alamelupuram,
East Tambaram, Selaiyur P.O.,
Chennai – 600 126. S.India
Cell : 9444040109
Whatsapp : 6383384962

Date : 08 / 07 / 2021

Finally, I want to tell the youngsters, "You have a wonderful period ahead, stand with full of faith, and devotion. Put your foot on the earth with a strong mind. Don't get emotional. Don't be like a volcano. Calm down. Make your heart like a lotus flower. You can deliver the love with your springing eyes, that makes everybody happy. The past experience in Europe and other countries, brings unwanted fear. It is like a erosion of volcano. Because of that our personal life spoils."

My dear youngsters, realise that the world is large, and that our soul is capable of adjusting, accepting, accommodating all good and bad things. But one thing you must understand - love is like eternal. It is that klung (sound) of sweet and harmony always ringing in your ears. Be cheerful. Be honest and have absolute faith in Mother Mary and Mother Earth. Nature is our life. We must absolutely nourish it with full devotion and love, etc. You must try to go in the right path and establish a good, peaceful, happy, harmonious life. We have to live for our society, for our children, for our neighbours, and apart from this, for our motherland. Oh my dear Mother Earth! Oh my divine Mother Mary! Give energy and strength and take care of all of my devotees, wherever they are. I surrender myself to the lotus feet of the divine mother for the welfare of my friends, devotees and all of us. My thoughts are always with you and at the same time I am within you. During my past visits, I am with you, I stay with you, I eat with you, and enjoy the great love and affection of yours. I felt it is the great boon the Almighty has given to me. I am always faithful to all of you for your love and affection. By your strength I always get more energy. The energy comes out of our soul, it gives solace for all. It is not only for us, it is for all. Oh my dear Nature! Make me nature always.

Guruji

OM SHANTHI

Guruji within you and nature

Guruji with you and within you

Ramani Guruji

NARBHAVI

No. 18, Alamelupuram,
East Tambaram, Selaiyur P.O.,
Chennai – 600 126. S.India
Cell : 9444040109
Whatsapp : 6383384962

Date : 08 / 07 / 2021

Meine allerliebsten Freunde aus Deutschland, Österreich und der Schweiz,

es ist Donnerstag, der Tag des Gurus. Ich möchte euch versichern, dass es viele gute Dinge gibt, nicht nur finanziell, sondern auch in unserer Familie, wo ihr gute Harmonie und Frieden finden werdet.

Mein Hauptanliegen dieses Briefes ist die Umweltveränderung im Universum. Einige der Orte sind davon stark betroffen. Auf der Nordseite der Alpen werden ein großes Gewitter, Hagelstürme Probleme machen. Um die Auswirkungen der Umweltveränderung in unserem Einflussbereich zu minimieren, sollte jeder Einzelne strikt die Anweisung befolgen, keine Abfälle wegzuwerfen und auch öffentliche Plätze sauber zu halten. Ich möchte euch deutlich sagen, dass im September und Oktober nicht nur das Wetter, die Stärke des Windes usw. für uns günstig sein werden. In dieser weltlichen Situation werden so viele Länder von dieser Umweltveränderung betroffen sein. Es gibt etwas Frieden und Glück, aber nach einiger Zeit müssen wir mit Gewittern rechnen oder vielleicht mit heftigen Regenfällen oder Staubstürmen mit starken Winden usw. Im anderen Teil der Welt wird es zu vielen unerwünschten Naturkatastrophen kommen. Das Schmelzen des Schnees an den beiden Polen wird einige Teile betreffen und das Meerwasser wird höher steigen. Man muss also ein wenig vorsichtig sein.

Liebe Freunde, Kaka Bhunjanda Maharishi sagt, dass er alle unsere Freunde beschützen wird, und auch gute Leute näher und näher zusammen kommen lassen wird, um euch allen zu helfen. Eine Sache, die Bhunjanda besonders immer wieder sagt, ist die einer positiven Einstellung, positives Denken, die nicht nur Erfolg bringen werden, sondern auch inneren Frieden und Harmonie bringen werden. Er besteht darauf, dass ihr Verantwortung übernehmen und eure Arbeit tun müsst. Die Belohnung wird durch die Gnade des Allmächtigen kommen. Ich möchte euch, meine Freunde, sagen, dass ihr, selbst wenn ihr zu Hause seid, etwas Gemüse oder grüne Blätter auf einem kleinen Rasen oder im Garten oder sogar in Töpfen anpflanzen solltet. Das sieht nicht nur schön aus, sondern hat auch einen guten Nutzen für unser eigenes Wohl.

Was auch immer ich sagen will, immer wieder kommt in meinen Gedanken etwas über die Natur. Jetzt verstehe und bewundere ich die Natur; Was für ein wunderbarer Name. Warum, weil sie mit jeder unserer Seelen verbunden ist. Auch wenn ihr harte Arbeit habt, geht für 5 Minuten an einen offenen Ort, atmet, schaut in den Himmel und genießt die Umgebung, dann werdet ihr mehr Energie bekommen, um weiter zu arbeiten. Die Natur birgt einen verborgenen Schatz, nicht nur in Form von Gold und Metallen, sondern auch in Form einer großen Energie. Deshalb nennen wir Mutter Erde als die Mutter der Energie und die Meisterin der Energie. Bitte denkt einen Moment darüber nach, was für eine wunderbare Welt das ist, und gleichzeitig hat uns die Natur vor allen Übeln geschützt. Wir denken, wir tragen all das Schlechte auf unseren Schultern, aber das ist nicht richtig. All die Übel werden von der Natur selbst beseitigt.

Ramani Guruji

NARBHAVI

No. 18, Alamelupuram,
East Tambaram, Selaiyur P.O.,
Chennai – 600 126, S.India
Cell : 9444040109
Whatsapp : 6383384962

Date : 08 / 07 / 2021

Fortsetzung 8.7.2021

Was können wir tun, um für immer mit der Natur zu leben? Die einzige Antwort ist, aktiv zu sein, zu lächeln und sich in völliger Harmonie mit allen und jedem zu verbinden. Dort könnt ihr Glückseligkeit finden.

Meine lieben Freunde, die Glückseligkeit und Erleuchtung sind nicht irgendwo anders. Sie sind in euch selbst. Ihr müsst sie mit eurer Liebe, Zuneigung, Verbundenheit und eurem Mitgefühl hervorbringen. Lächelt, es ist ein Geschenk des Allmächtigen an euch. Wenn ihr lächelt, wird Mutter Maria euch nicht nur segnen, sondern euch auch Kraft geben und euch voller Mitgefühl umarmen.

Die Beziehung zwischen Mutter Maria und euch ist unvergleichlich. Sie heißt Hingabe (Vertrauen) und Einssein. Ihr erwartet Liebe, Mitgefühl und Harmonie. Ihr versteht auch, dass andere das Gleiche erwarten. Habt eine positive Einstellung zu Freunden, Verwandten und anderen.

Harmonie kann nur mit Hingabe und Entschlossenheit hergestellt werden. Unsere Stimmungen, Ideen mögen sich ändern, aber Liebe, Verbundenheit und Zuneigung ändern sich nie.

Abschließend möchte ich den Jugendlichen sagen: "Ihr habt eine wunderbare Zeit vor euch, steht mit vollem Vertrauen und Hingabe auf. Setzt euren Fuß auf die Erde mit einem starken Geist. Werdet nicht emotional. Seid nicht wie ein Vulkan. Beruhigt euch. Macht euer Herz wie eine Lotusblume. Ihr könnt die Liebe mit euren funkelnden Augen weitergeben, das macht jeden glücklich.

Die vergangenen Erfahrungen in Europa und anderen Ländern bringen unerwünschte Angst. Es ist wie eine Erosion des Vulkans. Dadurch wird unser persönliches Leben verdorben."

Meine lieben Jugendlichen, macht euch klar, dass die Welt groß ist, und dass unsere Seele fähig ist, sich anzupassen, zu akzeptieren, alle guten und schlechten Dinge aufzunehmen. Aber eines müsst ihr verstehen - die Liebe ist wie eine Ewigkeit. Sie ist dieser Klang (Klang) von Süße und Harmonie, der immer in euren Ohren klingt. Seid fröhlich. Seid ehrlich und habt absolutes Vertrauen in Mutter Maria und Mutter Erde. Die Natur ist unser Leben. Wir müssen sie unbedingt mit voller Hingabe und Liebe nähren, usw. Ihr müsst versuchen, den richtigen Weg zu gehen und ein gutes, friedliches, glückliches, harmonisches Leben zu führen. Wir müssen für unsere Gesellschaft leben, für unsere Kinder, für unsere Nachbarn und außerdem für unser Mutterland.Oh meine liebe Mutter Erde! Oh meine göttliche Mutter Maria! Gib Energie und Kraft und gib auf alle meine Devotees acht, wo immer sie sind. Ich gebe mich den Lotusfüßen der göttlichen Mutter hin für das Wohlergehen meiner Freunde, Devotees und für uns alle. Meine Gedanken sind immer bei euch und gleichzeitig bin ich in euch.

Während meiner vergangenen Besuche bin ich bei euch, ich bleibe bei euch, ich esse mit euch und genieße eure große Liebe und Zuneigung. Ich fühlte, es its der große Segen, den der Allmächtige mir gegeben hat. Ich bin euch allen immer treu für eure Liebe und Zuneigung. Durch Eure Kraft erhalte ich immer mehr Energie. Die Energie kommt aus unserer Seele, sie gibt Trost für alle. Sie ist nicht nur für uns, sie ist für alle.

Oh meine liebe Natur! Mach mich immer zur Natur.

Guruji   OM SHANTHI

Guruji in dir und der Natur   und   Guruji mit dir und in dir

Ramani Guruji

NARBHAVI

No. 18, Alamelupuram,
East Tambaram, Selaiyur P.O.,
Chennai – 600 126. S.India
Cell : 9444040109
Whatsapp : 6383384962

Date : 13 / 07 / 2021

Dear Friends,

Heartiest congratulations and my good wishes for all your efforts for the future prosperity, not only for human beings, but for the entire world.

All our prayers to the Almighty (Mother Mary), to give us strength to withstand all the present bad situations that have affected human beings. Covid-19 has brought a great disorder in the worldly life of human beings. But at the same time, by the mercy of God, we are able to withstand this most difficult period.

Today's concern is the World's atmospheric conditions. The North and South Poles, the icy lands, have started melting which will make great danger in so many ways. In order to control this, we need to keep ourselves ready to overcome this disaster, nature itself gives enough strength, ability, and to stop the disaster. First of all, we have to clean our houses, inside and outside, and stop producing too much heat and smoke. How is this possible? The best way is to plant trees, fruit-bearing plants, and flower-bearing plants, etc wherever possible. Even if your lawn is so small, at the footsteps, in a pot keep some vegetables like tomatoes, etc. This will give you inner satisfaction, and at the same time as the trees grow bigger and bigger, they give fresh air. It is also going to stop the pollution in the air. Pollution control is most important. I want to tell you very strongly, Stop Smoking! Use vehicles only at important times. The smoke that comes out of all the vehicles, planes, etc, disturb nature. One must be very, very cautious to take care of themselves and, at the same time, take care of the woods. If possible, plant more trees. That will help.

One important thing that I want to tell you is that, without the grace of Mother Mary and Mother Earth, we cannot do anything. So we must have absolute faith, with devotion to the Almighty.

Come out, have a big smile. Big smiles always with friends and relatives. Be closer with mind and soul to everyone. If we could look into each other's hearts and understand the unique challenges that each of us faces, I think we would treat each other much more gently, with more love, patience, tolerance and care. Now we come to conclusion that this is the most important thing in our life. My dear friends, it is the greatest opportunity to be a human being in this wonderful civilised world. You are enjoying the beauty of yourself, the beauty of your house, etc, but at the same time, try to learn to enjoy the beauty of the nature. The mountains, the peak, the snow glacier, and the rain drops, the gentle shower which comes along with wind, even though it is chill, it gives energy. Be chill (Be calm and cool), there you can feel the freshness of the fragrance from your inner soul. I want to tell you one thing, the Eau de Colon 47111, your country's product, the smell of which you like, but the most divine fragrance is in your soul. What a wonderful, divine work it is for the sake of mankind.
Look at the Sun God. The sun rays come to the earth, and using those rays you are making solar energy. So each and every atom coming out from nature is only for the sake of humans and living creatures.

Now at last, my dear friends, today I want to conclude this message to you with full of peace and happiness in the depths of my heart. Why? I want to be with you and within yourself

Ramani Guruji

NARBHAVI

No. 18, Alamelupuram,
East Tambaram, Selaiyur P.O.,
Chennai – 600 126. S.India
Cell : 9444040109
Whatsapp : 6383384962

Date : 13 / 07 / 2021

forever and forever. Walk freely like a soldier! Look with bright eyes to nature! Enjoy the fragrance of the flowers in the meadows! Look at the animals, how free they are, and how they got freedom. God has given you freedom, prosperity, happiness, peace, and harmony. Then what more do you need? You have already got everything.

Dear friends, enjoy life with peace and prosperity, and with full of positive thinking. Breathe the fresh air without hesitation. That makes your blood system flow properly, gives energy, strength to your body to do your day-to-day work. In this worldly life, one has to establish themselves with all peace and harmony. Either in the personal life, or in public life. Let us sail together in the vast ocean. The first few miles you may see the waves, then the water becomes smooth. Life is a smooth sailing ship. Each and everyone travelling in the ship is a warrior. But we must understand that our ship is not a war-ship which is fully loaded with atomic bombs. At the same time it is loaded with love, harmony, and peace. Our pilgrimage towards eternity is full of joy, glory and compassion. Thank you and my most humble, sincere prayers to all of you. I feel we are all one. Liebe God (Love God)

SANTHUSTI

P.S. - This letter belongs to our friends in Germany, Austria, and Switzerland. Divine joy is our motto. Santhusti! Dear R   please send this to all.

Ramani Guruji

Ramani Guruji

NARBHAVI

No. 18, Alamelupuram,
East Tambaram, Selaiyur P.O.,
Chennai – 600 126. S.India
Cell : 9444040109
Whatsapp : 6383384962

Date : 13 / 07 / 2021

Liebe Freunde,

die herzlichsten Glückwünsche und meine guten Wünsche für all eure Bemühungen für das zukünftige Wohlergehen, nicht nur für die Menschen, sondern für die ganze Welt.

All unsere Gebete an den Allmächtigen (Mutter Maria) mögen uns Kraft geben, um all den gegenwärtigen schlechten Situationen zu widerstehen, von denen die Menschen betroffen sind.

Covid-19 hat eine große Unordnung in das weltliche Leben der Menschen gebracht. Aber gleichzeitig sind wir durch die Barmherzigkeit Gottes in der Lage, diese äußerst schwierige Zeit zu überstehen. Die heutige Besorgnis gilt den Bedingungen der Atmosphäre der Welt. Die Nord- und Südpole, das Eis dieser Länder hat begonnen zu schmelzen, was in vielerlei Hinsicht eine große Gefahr darstellt. Um dies zu kontrollieren, müssen wir uns bereit halten, um diese Katastrophe zu bewältigen. Die Natur selbst gibt genug Stärke und die Fähigkeit, um die Katastrophe zu stoppen.

Zuallererst müssen wir unsere Häuser reinigen, innen und außen, und aufhören, zu viel Hitze und Rauch zu produzieren. Wie ist das möglich? Der beste Weg ist, Bäume, fruchttragende Pflanzen und blühende Pflanzen usw. zu pflanzen, wo immer es möglich ist. Selbst wenn euer Rasen so klein ist, haltet an den Eingangsstufen in einem Topf etwas Gemüse wie Tomaten, etc. Dies wird euch innere Zufriedenheit geben, und gleichzeitig, wenn die Bäume größer und größer werden, geben sie frische Luft. Es wird auch die Verschmutzung der Luft stoppen. Die Kontrolle der Verschmutzung ist das Wichtigste.

Ich möchte euch sehr eindringlich sagen: Hört auf zu rauchen! Benutzt Fahrzeuge nur zu wichtigen Zeiten. Der Rauch, der aus allen Fahrzeugen, Flugzeugen usw. kommt, zerstört die Natur. Wir müssen sehr, sehr vorsichtig sein, um auf uns selbst aufzupassen und gleichzeitig auf die Wälder aufzupassen. Wenn möglich, pflanzt mehr Bäume. Das wird helfen.

Eine wichtige Sache, die ich euch sagen möchte, ist, dass wir ohne die Gnade von Mutter Maria und Mutter Erde nichts tun können. Wir müssen also absolutes Vertrauen haben, mit Hingabe an den Allmächtigen.

Kommt heraus, habt ein großes Lächeln - immer ein großes Lächeln zu Freunden und Verwandten. Kommt mit allen näher zusammen im Geist und in der Seele. Wenn wir in die Herzen eines jeden schauen könnten und die einzigartigen Herausforderungen verstehen würden, die jeder von uns zu bewältigen hat, denke ich, würden wir viel sanfter miteinander umgehen, mit mehr Liebe, Geduld, Toleranz und Fürsorge.

Jetzt kommen wir zu dem Schluss, dass dies das Wichtigste in unserem Leben ist. Meine lieben Freunde, es ist die größte Chance, ein Mensch in dieser wunderbaren zivilisierten Welt zu sein. Ihr genießt die Schönheit von euch selbst, die Schönheit eures Hauses usw., aber versucht gleichzeitig zu lernen, auch die Schönheit der Natur zu genießen. Die Berge, der Gipfel, der Schnee-Gletscher und die Regentropfen, der sanfte Schauer, der mit dem Wind kommt, auch wenn er kühl ist, er gibt Energie. Be chill (seid ruhig und kühl), dort könnt ihr die Frische des Duftes eurer inneren Seele spüren. Ich möchte euch eines sagen, das Eau de Colon 4711, das Produkt eures Landes, dessen Duft ihr mögt – doch der göttlichste Duft liegt in eurer Seele. Was ist sie für ein wunderbares, göttliches Werk zum Wohle der Menschheit.

Ramani Guruji

NARBHAVI

No. 18, Alamelupuram,
East Tambaram, Selaiyur P.O.,
Chennai – 600 126, S.India
Cell : 9444040109
Whatsapp : 6383384962

Date : 13 / 07 / 2021

Fortsetzung 13.7.2021

Schaut euch den Sonnengott an. Die Sonnenstrahlen kommen auf die Erde, und ihr nutzt diese Strahlen um Sonnenenergie zu machen. So ist jedes einzelne Atom, das von der Natur kommt, nur zum Wohle der Menschen und der Lebewesen da.

Nun zum Schluß, meine lieben Freunde, möchte ich heute diese Botschaft an euch voller Frieden und Glück aus der Tiefe meines Herzens abschließen. Warum? Ich möchte für immer und ewig mit euch und in euch sein. Geht frei / aufrecht wie ein Soldat! Betrachtet mit strahlenden Augen die Natur! Genießt den Duft der Blumen auf den Wiesen! Schaut die Tiere an, wie frei sie sind und wie sie die Freiheit bekommen haben. Gott hat euch Freiheit, Wohlstand, Glück, Frieden und Harmonie gegeben. Was braucht ihr dann noch mehr? Ihr habt bereits alles.

Liebe Freunde, genießt das Leben in Frieden und Wohlstand und mit einer Fülle von positivem Denken. Atmet ohne Zögern die frische Luft ein. Das lässt euren Blutkreislauf richtig fließen und gibt eurem Körper Energie und Stärke, um eure tägliche Arbeit zu erledigen.

In diesem weltlichen Leben müssen wir in uns Frieden und Harmonie herstellen. - sowohl im persönlichen Leben und im öffentlichen Leben.

Lasst uns gemeinsam auf dem weiten Ozean segeln. Die ersten paar Meilen mögt ihr die Wellen sehen, dann wird das Wasser glatt. Das Leben ist ein sanftes Segelschiff. Jeder einzelne, der in diesem Schiff segelt, ist ein Krieger. Aber wir müssen verstehen, dass unser Schiff kein Kriegsschiff ist, das mit Atombomben voll beladen ist. Es ist zur gleichen Zeit mit Liebe, Harmonie und Frieden beladen. Unsere Pilgerreise in Richtung Ewigkeit ist voller Freude, Herrlichkeit und Mitgefühl.

Danke und meine bescheidenen, aufrichtigen Gebete sind für euch alle.

Ich fühle, dass wir sind alle eins sind.

Lieber Gott – liebt Gott

SANTHUSTI

P.S. - Dieser Brief geht an unsere Freunde in Deutschland, Österreich und der Schweiz.

Göttliche Freude ist unser Motto. Santhusti!

Ramani Guruji

Ramani Guruji

NARBHAVI

No. 18, Alamelupuram,
East Tambaram, Selaiyur P.O.,
Chennai – 600 126. S.India
Cell : 9444040109
Whatsapp : 6383384962

Date : 16 / 07 / 2021

Dear Friends,

Something tells in my inner soul to give this message to all of you. Friends from Germany, Austria and Switzerland, I am very proud to know and also I enjoy each and every moment of your love, hospitality, which makes me stronger and stronger. Nowadays, everywhere in the world there are a lot of problems, struggles due to health hazards, but I am sure it will end very soon.Today happened to be Friday, it is the day for Mother Mary. The candle which is burning within our soul started melting with love, compassion, and harmony. It may imaginary thoughts of mine, but I feel that our love, our harmony and our compassion are a big ocean. Today, my main message to all of you is to be strong inwardly and start to work for good, and be with nature full of admiration and love towards the God's gift of nature. Please go through these words -
Ask a question within yourself
 1. What is beauty?
 2. What is love?
 3. What is relationship?
 4. What makes you want to go on a pilgrimage?
 5. Going on holiday to many countries, what lesson will we get from all these things?
Only one word - it is the play of Nature (God's Grace).

One must have faith in God, or Almighty, and at the same time faith within themselves. Then only we can enjoy, and relax in this worldly life. In our day-to-day life in which nature gives us divine strength, peace, harmony, etc. All our work, and our efforts is only to enjoy comfortability in life. The divine mother assures us to give you all comforts and what not, but at the same time we also understand the greatness of the Mother God and have absolute faith (surrender).

To keep the body, mind and soul very clear, one must practise meditation, yoga, and prayers. That is the solution to come out of all the hurdles. Dear Friends, don't have tension or cry. Try to understand, and analyse why it happened, and think again on how to come out of this where you can find divine support from within yourself.

What a wonder! The Divine Mother gives not only energy, but peace and harmony. Her compassion towards mankind cannot be measured by anyone. It is beyond the limit. I can very well say Her love is like an ocean. Go and enjoy the mountains, valleys, lakes, and the ocean and at the same time see the river on how happy and how they bless us, all humanhood. In our ancient period up till today, everyone all over the universe worship Sun God. He is everything, and He brings not only life, our life is most precious. You should not waste this life, and we must serve others and our Nation. Motherland is most important. Motherly love and affection are not comparable. Dear Friends, have absolute faith in you. In this moment, I want

No. 18, Alamelupuram,
East Tambaram, Selaiyur P.O.,
Chennai – 600 126. S.India
Cell : 9444040109
Whatsapp : 6383384962

Date : 16 / 07 / 2021

to tell you my sincere prayer always for you all. You think about me and call Ramani! Ramani!! Ramani!!! And you will get the answer. My presence is with you, and your presence is with me. This is because of our previous incarnation, we always are bound together.

Ales One, Everything is One!

My humble, sincere love and affection to all of you!

Thank you! Danke!

My sincere prayer to Mother Mary to give all comforts, strength, peace, prosperity, to all of you.

SANTHUSTI
Ramani Guruji

Ramani Guruji

NARBHAVI

No. 18, Alamelupuram,
East Tambaram, Selaiyur P.O.,
Chennai – 600 126. S.India
Cell : 9444040109
Whatsapp : 6383384962

Date : 16 / 07 / 2021

Liebe Freunde,

irgendetwas in meiner inneren Seele sagt mir, dass ich diese Nachricht an euch alle weitergeben soll. Freunde aus Deutschland, Österreich und der Schweiz, ich bin sehr stolz darauf und genieße auch jeden einzelnen Moment eurer Liebe und Gastfreundschaft, die mich immer mehr und mehr stärkt. Heute gibt es überall auf der Welt eine Menge Probleme und Kämpfe bezüglich der Gefahren um die Gesundheit, aber ich bin sicher, dass es sehr bald enden wird.

Heute ist Freitag, es ist der Tag für Mutter Maria. Die Kerze, die in unserer Seele brennt, beginnt zu schmelzen in Liebe, Mitgefühl und Harmonie. Es mögen vielleicht eingebildete Gedanken von mir sein, doch ich fühle, dass unsere Liebe, unsere Harmonie und unser Mitgefühl ein großer Ozean sind. Heute ist meine Hauptbotschaft an euch alle: Seid innerlich stark und beginnt für das Gute zu arbeiten, und seid gegenüber der Natur voller Bewunderung und seid voller Liebe gegenüber der Natur als Gottesgeschenk.

Bitte geht durch diese Worte durch und stellt euch selber eine Frage

1. Was ist Schönheit?

2. Was ist Liebe?

3. Was ist Beziehung?

4. Was bringt euch dazu, auf eine Pilgerreise zu gehen?

5. Wenn wir in vielen Ländern Urlaub machen, welche Lektion erhalten wir dann von all diesen Dingen?

Nur ein Wort - es ist das Spiel der Natur (Gottes Gnade).

Wir müssen den Glauben an Gott und den Allmächtigen haben und gleichzeitig den Glauben an uns selbst. Nur dann können wir dieses weltliche Leben genießen und uns entspannen. In unserem alltäglichen Leben gibt uns die Natur göttliche Stärke, Frieden, Harmonie, usw..

Unsere Arbeit und unsere Bemühungen sind allein nur dazu da, den Wohlstand im Leben zu genießen. Die göttliche Mutter versichert uns, alle Wohlstand und alles darüber hinaus zu geben und damit verstehen wir gleichzeitig auch die Größe der göttlichen Mutter und haben absolutes Vertrauen (Hingabe).

Um den Körper, den Geist und die Seele ganz rein zu halten, müssen wir Meditation, Yoga und Gebete praktizieren. Das ist die Lösung, um aus all den Unruhen herauszukommen.

Ramani Guruji

NARBHAVI

No. 18, Alamelupuram,
East Tambaram, Selaiyur P.O.,
Chennai – 600 126. S.India
Cell : 9444040109
Whatsapp : 6383384962

Date : 16 / 07 / 2021

Fortsetzung 16.7.2021

Liebe Freunde, seid nicht angespannt und weint nicht. Versucht zu verstehen und zu analysieren, warum es passiert ist, und denkt darüber nach, wie iht aus dieser Situation herauskommen könnt und wie ihr göttliche Unterstützung aus euch selbst heraus finden könnt.

Welch ein Wunder! Die Göttliche Mutter gibt nicht nur Energie, sondern auch Frieden und Harmonie. Ihr Mitgefühl gegenüber der Menschheit kann von keinem gemessen werden. Es ist jenseits aller Grenzen. Ich kann sehr wohl sagen, dass ihre Liebe wie ein Ozean ist. Geht und genießt die Berge, Täler, Seen und den Ozean und seht gleichzeitig den Fluss, wie glücklich er ist und wie er uns, die ganze Menschheit, segnet.

In früheren Zeiten bis heute verehren alle Menschen im ganzen Universum den Sonnengott. Er ist alles und er gibt uns das Leben und unser Leben ist das Wertvollste. Wir sollten dieses Leben nicht verschwenden und wir müssen anderen und unserer Nation dienen. Das Mutterland ist am wichtigsten. Die mütterliche Liebe und Zuneigung ist unvergleichbar.

Liebe Freunde habt absolutes Vertrauen in euch. In diesem Moment möchte ich euch sagen, dass ich immer für euch alle aufrichtig bete. Denkt an mich und rufte Ramani! Ramani!!! Ramani!!! Und ihr werdet die Antwort bekommen. Meine Anwesenheit ist mit euch, und eure Anwesenheit ist mit mir. Das liegt an unserer vorherigen Inkarnation. Wir sind immer miteinander verbunden.

Alles ist Eins, alles ist Eins!

Meine demütige, aufrichtige Liebe und Zuneigung an euch alle!

Ich danke Euch! Danke!

Mein aufrichtiges Gebet an Mutter Maria, um euch allen Trost, Stärke, Frieden und Wohlstand zu geben.

SANTHUSTI
Ramani Guruji

Ramani Guruji

NARBHAVI

No. 18, Alamelupuram,
East Tambaram, Selaiyur P.O.,
Chennai – 600 126. S.India
Cell : 9444040109
Whatsapp : 6383384962

Date : 19 / 07 / 2021

Dear R   ,

I saw in the TV the great rain disaster in Germany, and neighbouring places. It is a horrible sight. I pray to Kaka Bhunjanda and Mother Mary to take care of all the people who suffered in the disaster, and add strength to establish themselves again. Only divine faith and our devotion towards Mother and Mother Earth will protect us; one must understand this.

A sudden disaster of heavy rain in some regions of the country and neighbourhood. CloudBurst made so many people suffer and they lost their home, lost their livelihood and properties, etc. This is a horrible sight. May the Divine Mother protect them, and bring them back to full strength, and re-establish their life.

The climate change made this CloudBurst, thunderstorm, etc. The reason is that you are going against Nature, but Nature itself is God. God made Nature with all beings living with peace, comfort, and full prosperity. One must learn to teach the importance of Nature and make everyone love Nature.

Now, the message from the saint and sages. See, the Earth wants full strength from us and She needs our smile and love towards Her. Dear friends, it is the time we must think, to grow yourself with Nature. The time has come to establish the peaceful human life in the entire country.

1. Plant trees, and flower plants, and vegetable plants, and spend time with them, whenever possible, the plants will speak with you. It gives you inner satisfaction.
2. Try to change your food habits. As far as possible try to be vegetarian. All kinds of adulteration in all the food stuff also give complications to our health. After the World Wars, Germany and the neighbouring countries were involved in a lot of health problems because of radiation. In order to avoid the radiation, it is our duty to plant and safeguard trees and woods.

Sun and Moon are our father and mother. The Earth gives us the opportunity to live with peace and harmony. Love yourself. Love Nature. Love the Country. Always have absolute faith towards Mother (Mary). Don't bring any unwanted thoughts or hatred in our mind. We don't want any war. We want peace, joy, love, and compassion. Always feel that life is a gift, not only for us, but for everyone. It is absolutely our duty to make use of it to deliver the message of Jesus - which is Love. THe sweet fragrance which is inside your soul. SMile always. Do good always. You will get divine blessings, not only blessings, you will become an enlightened soul

Ramani Guruji

NARBHAVI

No. 18, Alamelupuram.
East Tambaram. Selaiyur P.O.,
Chennai – 600 126. S India
Cell : 9444040109
Whatsapp : 6383384962

Date : 19 / 07 / 2021

Prayer, meditation will make you think positively and also make you understand the purpose of life. This life itself is a pilgrimage. Try to enjoy the beauty of Nature, and speak with Nature, you will feel that you have become a different personality, because you have become blissful. Love your work. Do good things always. That brings inner joy to you. Plant trees, or vegetable plants in your garden, and visit them whenever possible, and speak with them. The gentle smile they give will make you happy. What a wonder! The creator has given such a power to the plant. What a wonder! Dear friends, the wonder is not outside. It is within you. In order to clean your blood system, drink water, breathe fresh air, walk in the forests and meadows. The air will bring a lot of divine energy for your body, mind, and soul. Breathe properly, that makes you live long, strong, and with all inner strength.

Finally it is the lesson for all living beings, including human beings - Nature is always Nature, but we mistake Nature and we think so many things with our intelligence. My humble request, the Divine Mother (Mary) always gives strength, and She carries us always. I want to tell you about one of the most divine pilgrimage places, Kevelaer. The main place is a small Mary church. In that place, one cannot measure the vibration. It is spread always in order to purify our soul, and our living places. If you think and pray to Her, you will get the answer. One important thing Mother Mary sends angels to deliver peace and harmony and compassion to us. Please enjoy. When you enjoy an experience, think about Ramani! Ramani!! Ramani!!!

Thank you!

SANTHUSTI

Ramani Guruji

NARBHAVI

No. 18, Alamelupuram,
East Tambaram, Selaiyur P.O.,
Chennai – 600 126. S.India
Cell : 9444040109
Whatsapp : 6383384962

Date : 19 / 07 / 2021

Liebe R.,

ich habe im Fernsehen die große Katastrophe mit dem Starkregen in Deutschland und den angrenzenden Gebieten gesehen. Es ist ein furchtbarer Anblick. Ich bete zu Kakabujanda und Mutter Maria, dass sie sich um all die Menschen kümmern, die unter der Katastrophe gelitten haben, und ihnen die Stärke geben mögen, sich wieder aufzurichten. Nur der göttliche Glaube und unsere Hingabe gegenüber Mutter und Mutter Erde werden uns beschützen; das müssen wir verstehen.

Eine plötzliche Katastrophe mit starkem Regen in einigen Regionen des Landes und der Umgebung! Wolkenbrüche (CloudBurst) ließen so viele Menschen leiden und sie verloren ihr Zuhause, ihre Lebensgrundlage und Eigentum usw. Das ist ein furchtbarer Anblick. Möge die Göttliche Mutter sie beschützen und sie zurück in ihre volle Stärke bringen und ihr Leben wiederherstellen. Der Klimawandel hat diesen Wolkenbruch, das Gewitter, etc. verursacht. Der Grund dafür ist, dass wir gegen die Natur angehen. Doch die Natur selbst ist Gott. Gott hat die Natur so geschaffen, dass alle Wesen in Frieden leben, in Wohlstand und vollem Wohlergehen leben. Wir müssen lernen, die Bedeutung der Natur zu lehren, so dass alle die Natur lieben.

Das ist jetzt die Botschaft der Heiligen und Weisen. Seht, die Erde will von uns den vollen Einsatz und sie braucht unser Lächeln und unsere Liebe zu ihr. Liebe Freunde, es ist nun die Zeit, dass wir darüber nachdenken müssen, zu wachsen, um uns mit der Natur zu verbinden. Die Zeit ist gekommen, darüber nachzudenken, ein friedliches menschliches Leben im ganzen Land zu etablieren.

1. Pflanzt Bäume und Blumen- und Gemüsepflanzen, und verbringt Zeit mit ihnen, wann immer möglich. Die Pflanzen werden mit euch sprechen. Das wir euch innere Zufriedenheit bringen.
2. Versucht eure Ernährungsgewohnheiten zu ändern. Versucht so weit wie möglich, Vegetarier zu sein. Alle Arten von Verfälschungen in allen Lebensmitteln führen zu Komplikationen für unsere Gesundheit. Nach dem Weltkrieg gab es in Deutschland und den Nachbarländern viele gesundheitliche Probleme wegen der Strahlung. Um die Strahlung zu vermeiden, ist es unsere Pflicht, Bäume und Wälder zu pflanzen und zu schützen. Sonne und Mond sind unser Vater und unsere Mutter. Die Erde gibt uns die Möglichkeit, in Frieden und Harmonie zu leben.

Liebt euch selbst. Liebt die Natur. Liebt das Land. Habt immer absoluten Glauben an Mutter (Maria). Bringt keine unerwünschten Gedanken oder Hass in euren Geist. Wir wollen keine Art von Krieg. Wir wollen Frieden, Freude, Liebe und Mitgefühl. Fühlt immer, dass das Leben ein Geschenk ist, nicht nur für uns, sondern für jeden. Es ist absolut unsere Pflicht, es zu nutzen, um die Botschaft Jesu zu verkünden – sie ist die Liebe.

Der süße Duft ist in eurer Seele. Lächelt immer. Tut immer Gutes. Ihr werdet göttliche Segnungen erhalten, nicht nur Segnungen, ihr werdet eine erleuchtete Seele werden.

Ramani Guruji

NARBHAVI

No. 18, Alamelupuram,
East Tambaram, Selaiyur P.O.,
Chennai – 600 126. S.India
Cell : 9444040109
Whatsapp : 6383384962

Date : 19 / 07 / 2021

Fortsetzung 19.7.2021

Gebet und Meditation werden euch positiv denken lassen und auch euch den Sinn des Lebens zu verstehen geben. Dieses Leben selbst ist eine Pilgerreise. Versucht, die Schönheit der Natur zu genießen, und sprecht mit der Natur. Ihr werdet spüren, dass ihr eine andere Persönlichkeit geworden seid, weil ihr glückselig geworden seid. Liebt eure Arbeit. Tut immer gute Dinge. Das bringt euch innere Freude. Pflanzt Bäume oder Gemüsepflanzen in euren Garten, und besucht sie, wann immer möglich, und sprecht mit ihnen. Das sanfte Lächeln, das sie schenken, wird euch glücklich machen. Welch ein Wunder! Der Schöpfer hat der Pflanze eine solche Kraft gegeben. Welch ein Wunder!

Liebe Freunde, das Wunder liegt nicht im Außen. Es ist in euch. Um euren Blutkreislauf zu reinigen, trinkt Wasser, atmet frische Luft, geht in den Wäldern und auf den Wiesen spazieren. Die Luft wird eine Menge göttlicher Energie eurem Körper, eurem Geist und eurer Seele bringen. Atmet richtig, das bringt euch ein langes Leben und macht euch stark mit aller inneren Kraft.

Schließlich ist es die Lektion für alle Lebewesen, auch für den Menschen - Natur ist immer Natur, aber wir missverstehen die Natur und denken mit unserer Intelligenz so viele Dinge.

Meine bescheidene Bitte, die Göttliche Mutter (Maria) gibt immer Stärke, und sie trägt uns immer. Ich möchte euch über einen der göttlichsten Wallfahrtsorte, über Kevelaer, erzählen. Auf dem Hauptplatz ist eine kleine Marienkapelle. An diesem Ort können wir die Schwingung nicht ermessen. Sie strahlt hinaus, um unsere Seele und unsere Lebensräume zu reinigen. Wenn wir an sie denken und zu ihr beten, werden wir die Antwort bekommen. Und noch eine wichtige Sache: Mutter Maria schickt Engel, um uns Frieden und Harmonie und Mitgefühl zu überbringen. Bitte genießt es. Wenn ihr eine Erfahrung genießt, denkt an Ramani! Ramani!!! Ramani!!!

Ich danke euch!

SANTHUSTI

Ramani Guruji

NARBHAVI

No. 18, Alamelupuram,
East Tambaram, Selaiyur P.O.,
Chennai – 600 126. S.India
Cell : 9444040109
Whatsapp : 6383384962

Date : 21 / 07 / 2021, Wednesday

Peace and Prosperity
Enjoy Nature with compassion.

Dear Friends,

My prayers, full of love and with all divine blessings.

Divine Mother is going to shower her grace to all of you very soon. BE READY TO ACCEPT THE DIVINE STRENGTH, GUIDANCE, AND GRACE. Mother Mary is going to make us understand the truth. The beautiful nature, the blossomed flowers which are going to talk to us, the snow dews that touch your body make your soul get more energy and power.

Mother Mary has sent 9 angels to guide all of us. You will know this very soon in different parts of your country. Please listen for a moment. What I want to say to you is as per the guidance of Kaka Bhunjanda. He promises all that you will be protected from all evils and danger.

After the World War, all the people lost their inner strength and became fearful of life and danger. Most mothers (ladies) suffered not only from fear, but from torture as well. After the World War, by the grace of Mother Mary everyone found a way and started again to establish their work to get shelter, food, and other comforts. After very hard work, and hard days, Germany (Austria) started walking towards good and establishing their pride. Even though everyone got all comforts and facilities, they were not able to digest the past sufferings due to the War. It is like a bad dream every moment in their lives.

In general the World War left fear, negative thoughts, and most of them do not know what to do. Oh my God! Here is the sound they heard - "I am coming to help you. Dont get tired. Your life is endless. They looked in the direction the sound came, they saw a church and Mother Mary." From day one they got confidence and strength. The younger generation is not able to achieve positive thinking because they heard all the fear and danger of the War. Now, my dear friends, time has come to prove the great abilities of each and everyone in the country. Teach children good things, full of love and affection. We have to shower our love and they must understand the compassion of that relationship so that they can step forward to achieve good things in life.

My dear friends, you know very well that once Germany was divided into two parts: EAST & WEST. IT IS LIKE SOUTH POLE AND NORTH POLE (MENTALITY).
Even though East and West joined together still some sort of wants sometime in people's mind get fear or emotions. This will go away in the next three years. Like a wonder it will happen with the grace of Mother Mary. All mothers must cultivate good habits in their children and also

NARBHAVI

No. 18, Alamelupuram,
East Tambaram, Selaiyur P.O.,
Chennai – 600 126, S.India
Cell : 9444040109
Whatsapp : 6383384962

Date : 21 / 07 / 2021, Wednesday

the belief in God. They must enjoy the grace of Mother God and pray. As a whole family, sitting at the dining table not just eating, but for laughing and talking. It must bring unity, integrity, love, and one with the family. Mother is everything, mother is God.

Service to people is Service to God. We must protect the environment with clean habits and remove the dirts and make atmospheric wonders. One must understand the life of plants, trees and also cultivate a habit for our children to show interest in the field to work with a plant, flowers, and vegetables. At least in our house gardens. It is the other way of diverting their mind from bad things. Here I want to say one important thing, "The younger generation is very smart and full of wisdom. It is absolutely our duty to make them turn their ideas and work towards the right direction. Young generation is the pillar of our nation. It is a great pride of each mother."

Mother's love is true and it is Nature. Nature itself is Mother. None is equal to Mother. In order to find the truth of God, one must understand that his LOVE (PLEASE VISIT KEVELAER MOTHER MARY CHURCH. THE VIBRATION NOT ONLY GIVES YOU STRENGTH, BUT YOU CAN REALLY ENJOY THE DIVINE JOY).

At Mother Mary's church, there every second the divine rays come from heaven to the earth. Especially in Kevelaer, Mother Mary's church, you can feel and enjoy the divine energy. My prayer to all of you. Good will happen to all.

Narbhavi! Narbhavi!!

Ramani Guruji

NARBHAVI

No. 18, Alamelupuram,
East Tambaram, Selaiyur P.O.,
Chennai – 600 126. S.India
Cell : 9444040109
Whatsapp : 6383384962

Date : 21 / 07 / 2021, Wednesday

Frieden und Wohlstand
genießt die Natur mit Mitgefühl

Liebe Freunde,

meine Gebete, voller Liebe und mit allen göttlichen Segnungen.

Die göttliche Mutter wird sehr bald ihre Gnade auf euch alle herabregnen lassen.
SEID BEREIT, DIE GÖTTLICHE KRAFT, FÜHRUNG UND GNADE ANZUNEHMEN.
Mutter Maria wird uns dazu bringen, die Wahrheit zu verstehen. Die schöne Natur,
die blühenden Blumen, die zu uns sprechen werden, der Schneetau, der euren
Körper berührt, lassen eure Seele mehr Energie und Kraft aufnehmen.
Mutter Maria hat 9 Engel gesandt, um uns alle zu führen. Ihr werdet dies sehr bald in
verschiedenen Teilen eures Landes erfahren. Bitte hört einen Moment lang zu. Was
ich euch sagen möchte, ist gemäß der Führung von Kaka Bhunjanda. Er verspricht
allen, dass ihr vor allen Übeln und Gefahren geschützt werdet.

Nach dem Weltkrieg haben alle Menschen ihre innere Stärke verloren und wurden
ängstlich vor dem Leben und der Gefahr. Die meisten Mütter (Frauen) litten nicht nur
unter der Angst, sondern auch unter der Folter. Nach dem Weltkrieg, durch die
Gnade von Mutter Maria, fanden alle einen Weg und begannen wieder, ihre Arbeit
aufzunehmen, um Unterkunft, Essen und anderen Wohlstand zu bekommen. Nach
sehr harter Arbeit und harten Tagen, begann Deutschland (Österreich) sich zum
Guten zu wenden und seinen Stolz zu etablieren. Obwohl jeder allen Wohlstand und
Annehmlichkeiten bekam, waren sie nicht in der Lage, das vergangene Leid des
Krieges zu verdauen. Es ist vegleichbar mit einem schlechten Traum jeden Moment
in ihrem Leben.

Im Allgemeinen hat der Weltkrieg Angst und negative Gedanken hinterlassen, und
die meisten von ihnen wissen nicht, was sie tun sollen. Oh mein Gott! Hier ist der
Klang, den sie hörten - "Ich komme, um dir zu helfen. Werdet nicht müde. Euer
Leben ist endlos." Sie schauten in die Richtung, aus der der Klang kam, sie sahen
eine Kirche und Mutter Maria. Vom ersten Tag an bekamen sie Zuversicht und
Stärke.
Die jüngere Generation ist nicht in der Lage, positives Denken zu erreichen, weil sie
von all der Angst und der Gefahr des Krieges gehört haben. Jetzt, meine lieben
Freunde, ist die Zeit gekommen, die großen Fähigkeiten eines jeden im Lande zu
beweisen. Bringt den Kindern gute Dinge bei, voller Liebe und Zuneigung. Wir
müssen unsere Liebe verschenken, und sie müssen das Mitgefühl dieser Beziehung
verstehen, damit sie voranschreiten können, um gute Dinge im Leben zu erreichen.

 *Ramani Guruji*

NARBHAVI

No. 18, Alamelupuram,
East Tambaram, Selaiyur P.O.,
Chennai – 600 126. S.India
Cell : 9444040109
Whatsapp : 6383384962

Date : 21 / 07 / 2021, Wednesday

Fortsetzung 21.07.2021

Meine lieben Freunde,
ihr wisst sehr gut, dass Deutschland einst in zwei Teile geteilt war:
OST & WEST.   ES IST WIE SÜDPOL UND NORDPOL (MENTALITÄT).

Obwohl sich Ost und West verbunden haben, gibt es immer noch eine Art von
Wünschen, die irgendwann in den Köpfen der Menschen Angst oder Emotionen
auslösen. Dies wird in den nächsten drei Jahren verschwinden. Wie ein Wunder wird
es mit der Gnade von Mutter Maria geschehen. Alle Mütter müssen gute
Gewohnheiten in ihren Kindern kultivieren und auch den Glauben an Gott. Sie
müssen die Gnade der Gottesmutter genießen und beten. Die ganze Familie sitzt
am Esstisch, nicht nur zum Essen, sondern zum Lachen und Reden. Es muss
Einheit, Integrität, Liebe und Einigkeit in die Familie bringen. Die Mutter ist alles, die
Mutter ist Gott.
Dienst am Menschen ist Dienst an Gott. Wir müssen die Umwelt mit reinen
Gewohnheiten schützen und die Verschmutzungen entfernen und atmosphärische
Wunder vollbringen. Wir müssen das Leben von Pflanzen und Bäumen verstehen
und auch Gewohnheiten in unseren Kindern kultivieren, um ihr Interesse an
Feldarbeit anzuregen und um mit Pflanzen, Blumen, und Gemüse zu arbeiten.
Zumindest in unseren Gärten am Haus. Es ist die andere Form, ihren Geist von
schlechten Dingen abzulenken.
Hier möchte ich eine wichtige Sache sagen: "Die junge Generation ist sehr klug und
voller Weisheit. Es ist absolut unsere Pflicht, sie dazu zu bringen, ihre Ideen und ihre
Arbeit in die richtige Richtung zu lenken. Die junge Generation ist die Säule unserer
Nation. Es ist ein großer Stolz jeder Mutter."
Mutterliebe ist wahr und sie ist die Natur. Die Natur selbst ist die Mutter. Niemand ist
gleichwertig mit der Mutter.
Um die Wahrheit Gottes zu finden, muss man seine LIEBE verstehen
(BITTE BESUCHT KEVELAER, die MUTTER-MARIA-KIRCHE. DIE SCHWINGUNG
GIBT EUCH NICHT NUR KRAFT, SONDERN IHR KÖNNT DIE GÖTTLICHE
FREUDE WIRKLICH GENIESSEN).
In der Mutter-Maria-Kirche kommen jede Sekunde die göttlichen Strahlen vom
Himmel auf die Erde. Spürt und genießt die göttliche Energie.
Mein Gebet an euch alle.
Gutes wird allen widerfahren.

Narbhavie! Narbhavie!   OM SHANTHI

NARBHAVI

No. 18, Alamelupuram,
East Tambaram, Selaiyur P.O.,
Chennai – 600 126. S.India
Cell : 9444040109
Whatsapp : 6383384962

Date : 21 / 07 / 2021, Wednesday

Switzerland

The bird swan is so beautiful with wonderful habits. It walks in the water or on the field full of gentleness and sweetness. Everyone loves and enjoys these birds, and their good nature. Natural beauty, peace, and prosperity are the gifts of God. People are very much motivated on business, and they enjoy the most luxurious life that is Swiss.

Austria

Excellent natural beauties are the best attraction in Austria. Youngsters jump from the top of the hill in their gliders is a great sight to see. In winter most of the people will come there to enjoy they holidays to witness ice skating and also lots of playgrounds of tennis etc. Most of the places in Austria are pilgrimage centers. The most wonderful, ancient, famous town Vienna and one has to enjoy the beauty in its flower gardens, and the palace. Come to Austria and enjoy the horse-driven chariots, lovely people that is Austria.

Germany

You know the wall clock. Its second hand goes very quickly; sixty times faster than the minute hand. Then the minute hand moves 1 point. Like that, people in Germany work in mines, in harbours, in steel factories, and automobile manufacturing units, and other industries. Most of their work is very tiresome. Hard work and they have got little time to rest or enjoy. So busy! Nowadays the mines are shut down, and most very big industries have moved to other places. People also like a flying bird moving to some other places. But one great thing is that the Divine mother makes them happy and helps them create excellent livelihoods and also Germany brings lots of intelligent personalities in their universities. Taking care of the elderly people, Germany has stood first in it. Hats off to them! Nowadays children wants to do better work to establish Germany as the #1 country in the World. Their work and hardship will give good results to achieve their aim. It is true, Mother Mary gives her fullest blessings to all of them. Take care of children with love and compassion to become the most wonderful citizens of your beloved country. My salutations to all the countrymen of Germany.

Be like a honeybee!

Thanking you,
Ramani

Ramani Guruji

NARBHAVI

No. 18, Alamelupuram,
East Tambaram, Selaiyur P.O.,
Chennai – 600 126. S.India
Cell : 9444040109
Whatsapp : 6383384962

Date : 21 / 07 / 2021, Wednesday

Schweiz

Der Vogel Schwan ist so wunderschön mit wunderbaren Gewohnheiten. Er spaziert im Wasser oder auf dem Feld voller Sanftmut und Süße. Jeder liebt und erfreut sich an diesen Vögeln und ihrer guten Natur. Natürliche Schönheit, Frieden und Wohlstand sind die Gaben Gottes. Die Menschen sind sehr im Geschäftlichen motiviert und genießen das sehr luxuriöse Leben, das die Schweiz zu bieten hat.

Österreich

Außerordentliche natürliche Schönheiten sind die besondere Attraktion in Österreich. Jugendliche springen von der Spitze der Berge mit ihren Gleitflugzeugen. Es ist ein großartiger Anblick dies anzusehen. Im Winter kommen viele Menschen, um dort ihren Urlaub zu genießen, um das Eislaufen zu erleben und es gibt auch viele Tennisplätze etc. Sehr viele Orte in Österreich sind Pilgerzentren. Die besonders wunderschöne alte, berühmte Stadt Wien und dort können wir die Schönheit mit ihren Blumengärten und das Schloss genießen. Kommt nach Österreich und genießt die von Pferden gezogenen Streitwagen, liebenswerte Menschen - das ist Österreich.

Deutschland

Ihr kennt die Wanduhr. Ihr Sekundenzeiger geht sehr schnell; sechzigmal schneller als der Minutenzeiger. Dann bewegt sich der Minutenzeiger 1 Stelle weiter. So arbeiten die Menschen in Deutschland in den Bergwerken, in den Häfen, in den Stahlwerken, in den Automobilfabriken und in anderen Industrien. Die meiste Arbeit ist für sie sehr ermüdend, harte Arbeit und sie haben wenig Zeit zum Ausruhen oder Genießen. So viel Arbeit! Heutzutage sind die Minen stillgelegt, und die meisten sehr großen Industrien sind an andere Orte umgezogen. Die Menschen sind auch wie ein fliegender Vogel, der sich an andere Orte bewegt. Aber es gibt eine großartige Sache, dass die göttliche Mutter sie glücklich macht und ihnen hilft, ausgezeichnete Lebensgrundlagen zu schaffen. Deutschland bringt auch viele intelligente Persönlichkeiten an ihre Universitäten. Wenn es um die Pflege der älteren Menschen geht, steht Deutschland darin an erster Stelle. Hut ab vor ihnen!

Heutzutage wollen die Kinder bessere Arbeit leisten, um Deutschland als die Nummer 1 in der Welt zu etablieren. Ihre Arbeit und Mühen werden gute Ergebnisse bringen, um ihr Ziel zu erreichen. Es ist wahr, Mutter Maria gibt ihren vollsten Segen allen von ihnen. Gebt acht auf die Kinder mit Liebe und Mitgefühl, damit sie die wunderbarsten Bürger eures geliebten Landes werden. Meine Grüße an alle Landsleute in Deutschland. Seid wie eine Honigbiene!

Ich danke Euch
Ramani

Ramani Guruji

NARBHAVI

No. 18, Alamelupuram,
East Tambaram, Selaiyur P.O.,
Chennai – 600 126. S.India
Cell : 9444040109
Whatsapp : 6383384962

Date : 23 / 07 / 2021, Friday

Jai Guru Maharaj Ki Jai!

My humble, sincere prayers to all of you on this wonderful Gurupoornima Day! The full moon will bring inner peace, and happiness and also it will unite the family with full of compassion. At the same time, each and everyone will realise their responsibility for this wonderful life.

Dear friends, you know very well this life is a wonderful life because it is a gift to us by God. The divine Mother not only brought us to this worldly life, but she also brings all comforts, peace, and harmony to each and every soul. Her full wish is to enlighten every soul who has come to the earth. Dear friends, think for a moment and realise the gift of God, and put your efforts in order to achieve the goal in life. Achievement is nothing but to know yourself, and do good to all. Only for that the divine Mother gives you strength and life.

The Moon God! Look at the sky, how sweet it is, how cool it is, and seeing the full moon, the waves in the sea get more happy. The waves rise and show their happiness, devotion, and at the same it surrenders towards the moon. My dear friends, surrender is the most important goal to achieve in your life. Surrender kills ego. Ego disturbs all our peace, harmony, joy, etc, etc. The most important good news in this holy Gurupoornima, which is going to give the great inner strength to your soul and make you full of divine peace and harmony. My dear friends, dont sleep, be active, and put your efforts towards good, and do good to every living being. Not only will you enjoy life, you will, at the same time, make so many people happy, peaceful, apart from that full of confidence to live with divine strength. The GURU always takes the responsibility of yours. It is your duty to surrender your wishes at his lotus feet. I want to bring a great divine secret to all of you. Whatever may be the obstacles, hurdles, problems, they will all get solved very soon. The divine arrow ($\rightarrow$) started to remove the fear, the obstacles and the disturbances. Today also I want to assure you all, the negative thoughts from the younger generation disturbs the family's peace, harmony. They are not able to understand compassion. By the grace of Divine Mother, Mother Earth bringing new energy of strength to humankind made you understand the responsibility for the future. Your country is going to prosper because Mother is taking the country in her hand and nourishing it (Lady Leadership will be prominently established in this worldly scenario).

Mixing all colours with all the beauty of Nature, look in one angle in order to enjoy the peace, the happiness. The mixture of colours, mixture of ideas, associations is the great strength for a Nation. Nation is more important. If the nation gets glory in this world, it is proud for each and every citizen of the land. How great the land is! How fertile! The volcano sand, how it gives glorious products. It helps humankind. My dear friends, you might have seen some holy places. The natural spring comes out, people take the water to drink. You test it. No need to test it because it is purest. How did it happen? That is the nature of the Mother. That is the

NARBHAVI

No. 18, Alamelupuram,
East Tambaram, Selaiyur P.O.,
Chennai – 600 126. S.India
Cell : 9444040109
Whatsapp : 6383384962

Date : 23 / 07 / 2021, Friday

nature of Mother Earth. My dear friends, take it in this holy day, Mother Earth is ultimate. None is equal because *Ales* wonderful!

The beauty, the wonder, the personification of love with purity of your action all makes wonderful divine energy in your soul. You must hear a klung (a sound). All the corners bring the blessings of the Almighty. I have told you so many times, Mother is ultimate, and matter is more important in your daily work. If you work with interest, you will be able to see the intensity of its energy. Energy's source is in your inner soul. You are like a waterfall (Niagara). It must come systematically, full of rigor and strength and at the same time it makes everyone enjoy the beauty of the waterfalls.

What can I do sitting far away from you? But in my mind, I am not far away. I am within you. I feel it, and I enjoy it! Today in my mind, I walked through P   Strasse enjoying the garden of paradise. Then I went to our Gurupoornima fire ceremony place at Arthi house. The wonderful peacock called me thrice and started to dance with its feathers unfolded. Dear friends, it is wonderful to see all our friends not only happy, they feel they are gifted. This is the gift from the Divine Mother. Now again, come to the conclusion the divine Mother is with us and within us. Finally, I conclude my GuruPoornima with prayers, prosperity, harmony, and comfort to all of you, and at the same time, I pray that everyone comes closer and closer with compassion. Please pray to Mother Mary.
Hallelujah! Hallelujah!! Hallelujah!!!

Narbhavi
Ramani Guruji

Ramani Guruji

NARBHAVI

No. 18, Alamelupuram,
East Tambaram, Selaiyur P.O.,
Chennai – 600 126. S.India
Cell : 9444040109
Whatsapp : 6383384962

Date : 23 / 07 / 2021, Friday

Jai Guru Maharaj Ki Jai!

Meine bescheidenen, aufrichtigen Gebete an euch alle an diesem wunderbaren GuruPoornima-Tag! Der Vollmond wird inneren Frieden und Glück bringen und er wird auch die Familie mit voller Mitgefühl vereinen. Gleichzeitig wird sich jeder seiner Verantwortung für dieses wunderbare Leben bewusst werden.

Liebe Freunde, ihr wisst sehr gut, dass dieses Leben ein wunderbares Leben ist, weil es ein Geschenk Gottes an uns ist. Die göttliche Mutter hat uns nicht nur in dieses irdische Leben gebracht, sondern sie bringt auch allen Trost, Frieden und Harmonie für jede einzelne Seele. Ihr voller Wunsch ist es, jede Seele zu erleuchten, die auf die Erde gekommen ist.

Liebe Freunde, denkt einen Moment nach und erkennt das Geschenk Gottes, und setzt all eure Bemühungen dafür ein, um das Ziel im Leben zu erreichen. Das zu erreichen ist nichts anderes als euch selbst zu erkennen und allen Gutes zu tun. Nur dafür gibt euch die göttliche Mutter Stärke und Leben.

Der Mondgott! Schaut in den Himmel, wie süß er ist, wie kühl er ist, und wenn ihr den Vollmond seht, werden die Wellen im Meer glücklicher. Die Wellen erheben sich und zeigen
ihr Glück und ihre Hingabe, und gleichzeitig geben sie sich dem Mond hin.

Meine lieben Freunde, Hingabe ist das wichtigste Ziel, das ihr in eurem Leben erreichen müsst. Hingabe tötet das Ego. Das Ego stört all unseren Frieden, unsere Harmonie, unsere Freude, usw. usw. Die besonders wichtige gute Nachricht an diesem heiligen GuruPoornima ist, dass es eurer Seele große innere Stärke geben wird und euch mit vollem göttlichen Frieden und mit Harmonie erfüllen wird.

Meine lieben Freunde, schlaft nicht, seid aktiv und setzt eure Bemühungen für das Gute ein, und tut Gutes jedem lebenden Wesen. Ihr werdet nicht nur das Leben genießen, sondern gleichzeitig so viele Menschen glücklich und friedlich machen, und darüber hinaus werdet ihr voller Zuversicht mit göttlicher Kraft leben.

Der GURU übernimmt immer die Verantwortung für euch. Es ist eure Pflicht, eure Wünsche seinen Lotosfüßen zu übergeben. Ich möchte euch allen ein großes göttliches Geheimnis übermitteln. Was auch immer für Hindernisse, Hürden, Probleme da sein mögen, sie werden alle sehr bald gelöst werden. Der göttliche Pfeil (→) hat begonnen, die Angst, die Hindernisse und die Störungen zu entfernen.

Auch heute möchte ich euch allen versichern, dass die negativen Gedanken der jüngeren Generation den Frieden und die Harmonie der Familie stören. Sie sind nicht in der Lage, Mitgefühl zu verstehen. Durch die Gnade der göttlichen Mutter hat Mutter Erde der Menschheit neue Energie von Stärke gebracht, damit ihr die Verantwortung für die Zukunft versteht. Euer Land wird erblühen, weil die Mutter das Land in ihre Hand nimmt und nährt. Die Führugskraft von Frauen wird in diesem weltlichen Szenario herausragend (prominent) etabliert werden.

NARBHAVI

No. 18, Alamelupuram,
East Tambaram, Selaiyur P.O.,
Chennai – 600 126. S.India
Cell : 9444040109
Whatsapp : 6383384962

Date : 23 / 07 / 2021, Friday

Fortsetzung 23.07.2021

Mischt alle Farben mit der ganzen Schönheit der Natur, schaut in jeden Winkel, um den Frieden und das Glück zu genießen. Die Mischung von Farben, die Mischung von Ideen und Assoziationen ist die große Stärke für eine Nation. Die Nation ist sehr wichtig. Wenn die Nation Ruhm in dieser Welt erlangt, ist sie stolz für jeden einzelnen Bürger des Landes. Wie großartig ist das Land! Wie fruchtbar! Der Vulkansand - welche herrlichen Produkte gibt er. Es hilft der Menschheit.

Meine lieben Freunde, ihr habt vielleicht schon einige heilige Orte gesehen. Die natürliche Quelle tritt hervor und die Menschen nehmen das Wasser zum Trinken. Sie testen es. Ihr braucht es nicht zu testen, denn es ist das Reinste. Wie ist das geschehen? Das ist die Natur der Mutter. Das ist die Natur der Mutter Erde.

Meine lieben Freunde, nehmt es an diesem heiligen Tag an, Mutter Erde ist das Allerhöchste. Keine ist wie sie, denn alles ist wunderbar!

Die Schönheit, das Wunder, die Verkörperung der Liebe mit der Reinheit eures Handelns, all das bringt eine wunderbare göttliche Energie in eurer Seele. Ihr müsst einen Klang hören. Alle Ecken bringen die Segnungen des Allmächtigen.

Ich habe euch schon so oft gesagt, dass die Mutter das Allerhöchste ist und dass die Materie in eurer täglichen Arbeit sehr wichtig ist. Wenn ihr mit Interesse arbeitet, werdet ihr in der Lage sein, die Intensität ihrer Energie zu erkennen. Die Quelle der Energie liegt in eurer inneren Seele. Ihr seid wie ein Wasserfall (Niagara). Es muss systematisch kommen, voller Stricktheit und Stärke und gleichzeitig kann dabei jeder die Schönheit der Wasserfälle genießen.

Was kann ich tun, wenn ich weit weg von euch sitze? Doch in meinem Geist bin ich nicht weit weg. Ich bin in euch. Ich fühle es, und ich genieße es! Heute bin ich im Geiste durch die Platanenallee gegangen und habe den Garten des Paradieses genossen (Haus von B.).

Dann ging ich zu unserem GuruPoornima-Feuerzeremonieplatz im Haus von A.. Der wunderbare Pfau rief mich dreimal und begann mit seinen ausgebreiteten Federn zu tanzen. Liebe Freunde, es ist wunderbar zu sehen, dass alle unsere Freunde nicht nur glücklich sind, sondern sich auch beschenkt fühlen. Das ist die göttliche Mutter, die mit uns und in uns ist.

Schließlich beende ich mein GuruPoornima mit Gebeten, Wohlergehen, Harmonie und Trost für euch alle, und gleichzeitig bete ich, dass alle näher und näher mit Mitgefühl zusammen kommen. Bitte betet zu Mutter Maria.

Halleluja!!! Halleluja!!! Halleluja!!!

Narbhavie
Ramani Guruji

Ramani Guruji

NARBHAVI

No. 18, Alamelupuram,
East Tambaram, Selaiyur P.O.,
Chennai – 600 126. S.India
Cell : 9444040109
Whatsapp : 6383384962

Date : 24 / 07 / 2021, Saturday

Dear Friends,

Enjoy the beauty of Nature, and it brings its fragrance in the mild, cool breeze. The mind must be fresh like ice glaciers. One has to know that life is most precious, and it is gifted by the Divine Mother herself. Devotion, faith, takes us towards Her and we can enjoy the great inner peace and blessings of Mother (God). At this moment I want to tell you it is a great gift for us to be a human being in this universal life.

Celebrations, festivities, etc give us inner peace, and solace, and makes us come to know so many people. By way of this we can enjoy the joy of compassion.

Birthday
Dear friend, Happy Birthday to all of you. How do we decide when to celebrate a birthday? For birthdays, do not count your years, but it is the day to make you remember and understand your responsibility and you have to work to achieve something in the coming days. It is a beautiful celebration in this worldly life that brings a lot of joy to each and everyone. Dear friends, what a wonderful world! You are celebrating birthdays in order to be ever young, fresh, and with full of energy to do good service to humanity. You know very well service to Humanity, is service to God. Cutting cakes not for God, or eating. It is a sweet moment to share with all of us and it brings everyone to come closer and closer. This kind of celebration makes us feel like it is a Divine Family, and at the same time it brings joy, energy, and strength to each and everyone. That is the grace of God.

BIRTHDAY MEANS WONDERFUL DAY FOR ALL OF US. CHEERFUL, HAPPY, AND ENJOY, AND SHARE THE COMPASSION WITH OUR FRIENDS, RELATIVES AND OTHERS. One thing I want to tell you, don't count the years that you have passed so far. You are young, and energetic forever and forever. Smile with divine joy, that is life. We know that worries, sorrows, and whatnot, are man-made. God's gifts are smiles and joy. Bring the happiest atmosphere in and around you, and feel the freshness and fragrance of Godliness in each and everyone's soul. Dear friends, God gives you the gift of Smile. Love everyone with full of divinity, and make everyone feel it is a family of Divine Mother.

Smile and sing songs when you feel you are in trouble or sad. Immediately you get divine energy. Smile, joy is the purpose of this birth. The child smiles, why? Because there are no sorrows or problems. But we human beings always show our face and say sufferings, sufferings with a negative thought. Remove the negative thoughts. March forward with positive thinking and you can find the brightest way of your life. For life, there is no end. It is going on and on. Remember, the gentle breeze coming and touching you and you can feel and enjoy it. If that gentle breeze has such power, why don't you think how much power you have got. That

NARBHAVI

No. 18, Alamelupuram,
East Tambaram, Selaiyur P.O.,
Chennai – 600 126. S.India
Cell : 9444040109
Whatsapp : 6383384962

Date : 24 / 07 / 2021, Saturday

power God has given you as a gift. You are a gifted person by the grace of the Divine Mother. Here, I want to tell you one thing. Go to Mother Mary's church at Kevelaer. You know, whenever I come there, I buy 30-40 candles and give it to everybody to light the candles. The candle while burning it teaches so many things to us. You can feel the presence of Mother Mary while the candle is burning. The candle teaches a great lesson of sacrifice. The light from the candle is your soul, It is ever bright and shining. The wax melts while burning. The wax is your body. When you feel the presence of the divine within your soul, your body must melt like a candle. That is called Bhakti! You can call it devotion or faith. Devotion, faith leaves our life to eternity, which is permanent and ever-lasting. What a wonderful lesson that a candle tells us every time. It is a glorious vision for everyone to understand the purpose of life.

Enjoy the beauty of flowers and its fragrance. See for a moment its colours and its formation. What a wonder, how God created such wonderful flowers, fragrance, and beauty, then you can understand how the great Nature takes care of us. It is also our absolute duty that we take care of Nature. Nature nourishes everyone in this worldly life. You must be useful to everyone forever and forever. Life is a glorious one.

Thanking you

SANTHUSTI
Jai Narbhavi

Ramani Guruji

NARBHAVI

No. 18, Alamelupuram,
East Tambaram, Selaiyur P.O.,
Chennai – 600 126. S.India
Cell : 9444040109
Whatsapp : 6383384962

Date : 24 / 07 / 2021, Saturday

Liebe Freunde,

genießt die Schönheit der Natur. Sie bringt ihren Duft der milden, kühlen Brise. Der Geist muss frisch sein wie Eisgletscher. Wir müssen wissen, dass das Leben am aller kostbarsten ist und es wird von der Göttlichen Mutter selbst geschenkt. Hingabe und Glaube führen uns zu Ihr und wir können den großen inneren Frieden und den Segen der Mutter (Gottes) genießen. In diesem Moment möchte ich euch sagen, dass es ein großes Geschenk für uns ist, ein menschliches Wesen in diesem universellen Leben zu sein.

Feiern, Feste usw. geben uns inneren Frieden und Trost und lassen uns so viele Menschen kennen lernen. Auf diese Weise können wir die Freude des Mitgefühls genießen.

GEBURTSTAG
Liebe Freunde, alles Gute zum Geburtstag. Wie entscheiden wir, wann wir einen Geburtstag feiern? An Geburtstagen zählen nicht die Jahre, denn es ist der Tag, an dem wir an unsere Verantwortung erinnert werden und wir verstehen, dass wir daran arbeiten müssen, um in den kommenden Tagen etwas zu erreichen. Es ist ein schönes Fest in diesem weltlichen Leben, das jedem viel Freude bringt.
Liebe Freunde, was für eine wunderbare Welt! Ihr feiert die Geburtstage, um immer jung, frisch und voller Tatendrang zu sein und um der Menschheit zu dienen. Ihr wisst sehr gut, dass der Dienst an der Menschheit der Dienst an Gott ist. Den Kuchen anzuschneiden ist nicht für Gott oder zum Essen. Es ist ein süßer Moment, den wir mit allen teilen und der uns alle näher und näher zusammenbringt. Diese Art des Feierns gibt uns das Gefühl, eine göttliche Familie zu sein, und gleichzeitig bringt es Freude, Energie und Stärke für jeden einzelnen. Das ist die Gnade Gottes.

GEBURTSTAG BEDEUTET EINEN WUNDERBAREN TAG FÜR UNS ALLE, und FRÖHLICH und GLÜCKLICH zu sein. Genießt und teilt das MITGEFÜH mit UNSEREN FREUNDEN, VERWANDTEN UND ANDEREN.
Eines möchte ich euch sagen: Zählt nicht die Jahre, die bisher vergangen sind. Ihr seid jung und für immer und ewig voller Energie. Lächelt mit göttlicher Freude, das ist das Leben. Wir wissen, dass Sorgen, Kummer und so weiter von Menschen gemacht sind. Gottes Geschenke sind Lächeln und Freude. Schafft eine sehr fröhliche Atmosphäre in und um euch herum, und spürt die Frische und den Duft der Göttlichkeit in der Seele eines jeden Menschen.

Liebe Freunde, Gott gibt euch die Gabe des Lächelns. Liebt jeden mit voller Göttlichkeit, und lasst jeden spüren, dass es eine Familie der Göttlichen Mutter ist. Lächelt und singt Lieder, wenn ihr das Gefühl habt, dass ihr in Schwierigkeiten seid oder traurig seid. Sofort erhaltet ihr göttliche Energie.

Ramani Guruji

NARBHAVI

No. 18, Alamelupuram,
East Tambaram, Selaiyur P.O.,
Chennai – 600 126. S.India
Cell : 9444040109
Whatsapp : 6383384962

Date : 24 / 07 / 2021, Saturday

Fortsetzung 24.07.2021

Lächelt, Freude ist der Zweck dieser Geburt. Das Kind lächelt, warum? Weil es keine Probleme gibt. Aber wir Menschen zeigen immer unser Gesicht und sprechen von Leiden, Leiden mit negativen Gedanken. Beseitigt die negativen Gedanken.
Marschiert vorwärts mit positivem Denken und ihr könnt den hellsten Weg eures Lebens finden. Für das Leben gibt es kein Ende. Es geht weiter und weiter. Erinnert euch an die sanfte Brise, die kommt und euch berührt, und ihr könnt sie fühlen und genießen. Wenn diese sanfte Brise eine solche Kraft hat, warum denkt ihr nicht daran, wie viel Kraft ihr habt. Diese Kraft hat Gott euch als Geschenk gegeben. Ihr seid ein begabter Mensch durch die Gnade der Göttlichen Mutter.

An dieser Stelle möchte ich euch eines sagen. Geht in die Kirche von Mutter Maria in Kevelaer. Ihr wisst, wann immer ich dorthin komme, kaufe ich 30-40 Kerzen und gebe sie jedem, um die Kerzen anzuzünden. Während die Kerze brennt, lehrt sie uns so viele Dinge. Wir können die Gegenwart von Mutter Maria spüren, während die Kerze brennt. Die Kerze lehrt eine große Lektion, sich zu opfern. Das Licht der Kerze ist eure Seele, sie ist immer hell und leuchtend. Das Wachs schmilzt beim Brennen. Das Wachs ist euer Körper. Wenn ihr die Gegenwart des Göttlichen in eurer Seele spürt, muss euer Körper wie eine Kerze schmelzen.
Das wird Bhakti genannt! Man kann es Hingabe oder Glaube nennen. Hingabe und Glaube führen Lebende in die Ewigkeit, die dauerhaft und immerwährend ist. Was für eine wunderbare Lektion, die uns eine Kerze jedes Mal erzählt. Es ist eine herrliche Vision für jeden, um den Sinn des Lebens zu verstehen.

Genießt die Schönheit der Blumen und ihren Duft. Seht für einen Moment ihre Farben und ihre Entstehung. Was für ein Wunder, wie Gott solch wunderbare Blumen, Duft und Schönheit geschaffen hat. Dann könnt ihr verstehen, wie die große Natur für uns sorgt.

Es ist auch unsere absolute Pflicht, dass wir auf die Natur Acht geben. Die Natur nährt jeden in diesem irdischen Leben. Wir müssen für immer und ewig für alle nützlich sein. Das Leben ist ein strahlendes Leben.

Dankeschön   Santhusti   Jai Narbhavi

Ramani Guruji

NARBHAVI

No. 18, Alamelupuram,
East Tambaram, Selaiyur P.O.,
Chennai – 600 126. S.India
Cell : 9444040109
Whatsapp : 6383384962

Date : 25 / 07 / 2021, Sunday

My Dear Friends,

It is my greatest pleasure to share my thoughts with you each and every day. Even though we are far apart, thousands and thousands of miles away, but at the same time we are all connected with love, affection, attachment, compassion, and more than that with brotherly love. Now we can enjoy the great inner peace and harmony because we are all one with every moment. Our souls talking to each and everyone a connection, it is called divine connection. The sound and light with you and with me talking to each other, what a beauty! What great Masters! It is a play of the great divine Mother. Divinity, bliss, enlightenment, one cannot buy in any market or mall. It is a gift from the Almighty Mother.

Dear friends, the great power and strength, and the divine vibration, which is within you, bring out, with full of energy and enthusiasm, try to save other people. There you can find the real inner peace. This is most important. Your country is very rich, not only in material, but also philosophy. You know very well the rhythmic words of yours, "say good, do good, ales good", it penetrates deep in your inner self. At the same time, it gives joy to each and everyone. You know very well that after the World War, most of the things were destroyed, yet now your country is getting up and up with wonderful buildings, industries, business complexes, etc. But it still needs more work to becoming #1 at the world level. German products are well known in this world. The progeny of Germany is highly vedantic and spiritual. But thinking about modern civilization, we forget everything. Our mind thinks civilization is spending time in pop music, dancing, drinking, gambling, and whatnot. You know very well that you people spend more time on the dining table. Come out and spend time in the garden, or in the lawn you can feel you are all in a paradise. One thing you must teach every generation is to plant trees, or flowering plants, even in pots, and cultivate vegetable gardens. You must bring the enthusiasm of the above to the younger children. The tiredness of what you say, and mental action disturbs your body. Smile and joy give you energy that makes you happy by way of singing and dancing, and praying. Come together, sit for sometime, pray to the Almighty, talk about good subjects in order to make everybody happy, and at the same time they will forget the hardness and sorrow for some days. That is called satsanga. The other way you can call it is meditation, yoga, breathing exercise, and walking, and joking, all part of the present day life.

One must have a sense of enjoying the beauty of Nature. You may ask how to enjoy the beauty of Nature. A simple way is to come out of your house, walk in the woods, meadows, and mountains whenever possible, and try to be one among Nature. Nature will nourish you so that you become a cherished personality. The personality is not beauty alone, it is the inspiration of your own self and it makes you have intuitional power. It is a gift to you. You have to develop the intuitional power and say all this good and save others who are in need of help. Always feel that helping others is the beauty of us.

Ramani Guruji

NARBHAVI

No. 18, Alamelupuram,
East Tambaram, Selaiyur P.O.,
Chennai – 600 126. S.India
Cell : 9444040109
Whatsapp : 6383384962

Date : 25 / 07 / 2021, Sunday

Dear friends, it is absolutely your responsibility to take care of family, children and their prosperity. Always my prayer to God to give you all the great divine energy and strength to do good things to everyone. Be happy, it brings joy and it makes you cherish it with full of divine power. My dear friends, God is within you. You are God!
My salutations to all of you.

Thank you
Ramani Guruji

Ramani Guruji

NARBHAVI

No. 18, Alamelupuram,
East Tambaram, Selaiyur P.O.,
Chennai – 600 126. S.India
Cell : 9444040109
Whatsapp : 6383384962

Date : 25 / 07 / 2021, Sunday

Meine lieben Freunde,

es ist mir die größte Freude, jeden Tag meine Gedanken mit euch zu teilen. Auch wenn wir weit voneinander entfernt sind, Tausende und Abertausende von Kilometern, aber wir sind gleichzeitig alle in Liebe, Zuneigung, Verbundenheit, Mitgefühl und mehr als das mit brüderlicher Liebe verbunden. Jetzt können wir den großen inneren Frieden und die Harmonie genießen, weil wir alle in jedem Moment eins sind.

Unsere Seelen sprechen mit jedem einzelnen in einer Verbindung. Sie wird göttliche Verbindung genannt. Der Klang und das Licht mit euch und mit mir sprechen miteinander. Was für eine Schönheit! Was für große Meister! Es ist ein Spiel der großen göttlichen Mutter. Göttlichkeit, Glückseligkeit, Erleuchtung kann man auf keinem Markt oder in keinem Einkaufszentrum kaufen. Es ist ein Geschenk der allmächtigen Mutter.

Liebe Freunde, bringt die große Kraft und Stärke und die göttliche Schwingung, die in euch ist, hervor, mit voller Energie und Begeisterung, versucht, andere Menschen zu retten. Dort könnt ihr den wahren inneren Frieden finden. Dies ist das Wichtigste.

Euer Land ist sehr reich, nicht nur an Materiellem, sondern auch in der Philosophie. Ihr kennt sehr gut die rhythmischen Worte "sagt Gutes, tut Gutes, alles Gut", es dringt tief in euer Inneres ein. Gleichzeitig schenkt es jedem einzelnen Freude. Ihr wisst sehr gut, dass nach dem Weltkrieg das meiste zerstört wurde. Doch jetzt steht euer Land wieder auf mit wunderbaren Gebäuden, Industrien, Geschäftskomplexen usw. Aber es braucht noch mehr Arbeit, um die Nummer 1 in der Welt zu werden. Deutsche Produkte sind in der Welt sehr bekannt. Die Nachkommenschaft in Deutschland ist hoch vedantisch (Grundsätze der Veden) und spirituell. Aber wenn wir an die moderne Zivilisation denken, vergessen wir alles. Unser Verstand denkt, dass Zivilisation bedeutet, seine Zeit mit Popmusik, Tanzen, Trinken, Glücksspiel und so weiter zu verbringen. Ihr wisst sehr gut, dass ihr Menschen mehr Zeit am Esstisch verbringt.

Kommt raus und verbringt Zeit im Garten oder auf der Wiese, dann habt ihr das Gefühl, ihr seid in einem Paradies. Eine Sache, die ihr jeder Generation beibringen müsst, ist, Bäume und blühende Pflanzen, auch in Töpfen zu pflanzen und Gemüsegärten zu pflegen. Ihr müsst die Begeisterung von all dem oben genannten an die jüngeren Kinder weitergeben. Die Müdigkeit von der ihr sprecht, und die geistigen Handlungen stören euren Körper. Lächeln und Freude geben euch Energie. Singen und Tanzen und Beten macht euch glücklich. Kommt zusammen, sitzt eine Weile zusammen, betet zum Allmächtigen, sprecht über gute Themen, um alle glücklich zu machen. Gleichzeitig werden die anderen die Härte und den Kummer für einige Tage vergessen. Das nennen wir Satsang. Ihr könnt es auch Meditation nennen, Yoga, Atemübungen und Spaziergänge und Scherze, alles Teil des heutigen Lebens.

Ramani Guruji

NARBHAVI

No. 18, Alamelupuram,
East Tambaram, Selaiyur P.O.,
Chennai – 600 126. S.India
Cell : 9444040109
Whatsapp : 6383384962

Date : 25 / 07 / 2021, Sunday

Fortsetzung 25.07.2021

Wir müssen einen Sinn dafür entwickeln, die Schönheit der Natur zu genießen.
Ihr fragt vielleicht, wie wir die Schönheit der Natur genießen können. Ein einfacher Weg ist, aus dem Haus zu gehen, in den Wäldern, auf den Wiesen und in den Bergen spazieren zu gehen, wann immer es möglich ist, und zu versuchen, eins mit der Natur zu sein. Die Natur nährt euch, damit ihr eine geschätzte Persönlichkeit werdet.

Die Persönlichkeit ist nicht allein Schönheit, sie ist die Inspiration eures eigenen Selbstes und sie gibt euch intuitive Kraft. Es ist ein Geschenk an euch. Ihr müsst die intuitive Kraft entwickeln, all diese guten Dinge sprechen und andere retten, die Hilfe brauchen. Spürt immer, die Hilfe für andere ist die Schönheit von uns.

Liebe Freunde, es ist absolut eure Verantwortung, sich um die Familie, die Kinder und ihr Wohlergehen zu kümmern. Ich bete immer zu Gott, dass er euch all die große göttliche Energie und Stärke gibt, um allen Gutes zu tun.

Seid glücklich, es bringt Freude und ihr werdet wert geschätzt voller göttlicher Kraft.

Meine lieben Freunde, Gott ist in euch. Ihr seid Gott!

Meine Grüße an euch alle.

Danke,
Ramani Guruji